깨달음에도 공식이 있다

[김종수 감수 · 훤일 규암 지음]

민족사

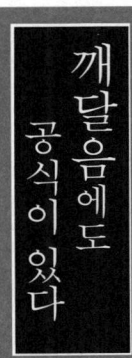

깨달음에도 공식이 있다

추천의 말

　이 책은 훤일 스님이 부처님께서 가르치신 중도연기법을 초기경전을 바탕으로 풀어 놓고 있다.
　이전의 불교학자나 수행자들이 중도연기법을 연구하고 논하여 자신의 견해만 분분히 나열한 것과는 분명 차별화된 책이다.

2008. 11. 17

설악산인 무산 오현

추천의 말

매서운 찬바람이 새벽을 가르고
모든 고요가 서서히 깨어나려 한다.
찬바람의 뼛속 사무침이 무엇인지
수행자의 처절한 몸부림이 무엇인지
고요가 새벽으로 깨어나는 이 순간
조금은 알 것 같다.

매화는 이 사무친 칼바람을 이기고
향기를 뿜어내고
수행자는 이 매서운 칼바람을 이기고
지혜의 향기를 뿜어내는 것이다.

언제이던가 아슬하지만 영롱한 기억이 하나 살아난다. 자기 생각
에 자신하고 문제에 당하여 분명한 회답을 던지던 초롱한 수행자가

있었다. 나는 그 수행자를 보고 다듬어지지는 않았지만 언젠가 민중의 가슴을 어루만지는 담대한 사람이 되리라 여겼다.

그런데 며칠 전 그 기억에 화답이라도 하듯이 '깨달음에도 공식이 있다'는 제목의 원고와 함께 추천사를 써 달라는 연락이 왔다. 참으로 환희롭고 성스러웠다. 나는 한 장 한 장 조심스레 읽어 보았다. 초기 경전인 아함경을 중심으로 중도연기를 조목조목 진단하여 현시하고 자기의 생각을 과감하게 어필하여 자기의 기질과 학자의 냉담함을 그려 놓았다.

이 책에는 아름다운 수식어는 없다.

차라리 냉혹함이 전율을 느끼게 한다.

중도연기는 외도들의 숙명론을 타파하는 당시 새로운 학설로서 부처님의 사상 중에서 빼놓을 수 없는 거룩한 사상이다. 중도연기는 그 성스러운 깨달음으로 나아가게 하는 이정표이자 당시 사상계에 일대 변화를 가져온 전대미문의 진리이다. 이 거룩한 부처님의 중도사상을 휜일 스님은 너무나 자연스럽고 냉혹하게 진단하고 있다. 지금까지 나온 중도연기의 학설이 이해하기가 어려웠다면 휜일 스님의 '깨달음에도 공식이 있다'는 이 책을 한번 읽어 봄이 어떨지……. 조용한 마음으로 한 잔의 차를 달여 놓고 이 책을 읽어 봄이 어떨지……. 그러면 그 순간 당신은 2,500여 년 전의 부처님을 만날 수 있을 것이다.

부산 해인정사 화엄경 역경장에서

수진

들어가는 말

석가모니이후 석가모니를 부처님으로 표기함께서 정각을 이루시고 중생들에게 설하신 최초의 사자후가 중도연기법이다.

중도연기법은 부처님께서 깨달은 바를 중생들에게 가르치고자 설하신 수행법이다. 이러한 사실은 불교에 대하여 조금이라도 관심을 가지고 있는 사람이라면 누구나 인정하는 것이다.

그러나 막상 '중도연기법을 통하여 부처님께서는 중생들에게 무엇을 가르치고자 하셨으며 그 가르침의 내용은 무엇인가?'라고 질문을 받는다면 이에 대해 자신 있게 견해를 나타낼 수 있는 사람이 몇이나 될까? 불교에 관심이 없는 사람들은 제외하고라도 불교 신자나 수행자라면 중도연기법에 대하여 바르게 알고 설명할 수 있어야 하지 않겠는가.

부처님의 가르침 중 가장 핵심적인 사상이며 수행의 처음이자 끝인 중도연기법을 바르게 알지 못하면서 불교인이라고 스스로 칭한다면 참으로 부끄러운 일이 아닐 수 없다.

이는 마치 배고픈 사람이 밥을 지으려고 밥솥은 준비했지만 정작

먹을 쌀이 떨어진 격이요, 목마른 사람이 물을 마시려고 우물을 찾아 갔지만 우물물은 말라 버린 격이 아니겠는가. 이를 두고 옛사람은 '이는 모래를 갖고 밥을 짓는 격이요, 똥을 가지고 전단향을 만들려고 하는 격이다.'라고 했다.

부처님께서 연기법을 설하신 이래로 지금까지 많은 불교학자나 수행자들이 중도연기법을 연구하고 논해 왔다. 하지만 말만 많아지고 견해만 분분할 뿐 중도연기법의 이치는 점점 난해해져 버렸다. 각자 나름의 견해와 주장들로 말미암아 중도연기법의 참된 가르침은 왜곡되고 변질되어 왔다. 고상한 언어의 나열과 나름의 철학적 개념 정리에만 힘쓸 뿐이었다. 이러한 결과로 중도연기법은 오직 난해한 가르침일 뿐 일반 범부 중생들에게는 감히 범접할 수 없는 것으로 여겨져 경외시되어 버렸다.

물론 이렇게 중도연기법이 변질될 수밖에 없었던 이유를 불교학자나 논사들의 탓으로만 돌릴 수도 없을 것이다. 부처님 입멸 후 불교가 시대 상황의 흐름에 따른 욕구에 의해 세속화, 종교화, 신앙화 되어 가면서 중도연기법의 가르침은 점점 변질될 수밖에 없었을 것이기 때문이다.

그러므로 중도연기법이 바르게 전승되어 오지 못한 이유를 시대 상황이나 불교학자와 논사들에게만 책임을 돌리는 것은 스스로 불자이기를 포기하는 것이다.

중도연기법의 가르침이 변질된 결정적 요인은 불교에 직간접적으로 관계를 맺고 있는 사부대중들에게 전적으로 책임을 물을 수밖에는 없을 것이다. 불교의 가르침에 몸을 담고 있는 불자라면 누구나 정법의 훼손됨에서 자유로운 자는 없을 것이기 때문이다. 설사 어리석은 불자들이 불법을 훼손하는 데 일조를 하더라도 각자 자신만큼은 정법을 굳게 지키겠다는 믿음과 열의가 있었다면 작금의 이러한 불교의 왜곡됨을 어느 정도는 막을 수 있었을 것이다.

스스로 불자라고 칭하는 이라면 기본적으로 부처님께서 가르쳐 주신 중도연기법에 대한 바른 이해와 그에 걸맞은 바른 수행을 갖추고 있어야 하지 않겠는가.

그럼에도 불자들이 중도연기법의 이해와 수행에 대하여 그 중요성을 인식하지 못하고 있는 것 역시 오늘날의 현실이다. 이러한 결과로 작금의 불교 신자들은 부처님께서 가르쳐 주신 중도연기법에는 관심이 없고 오직 현세의 구복이나 내세의 발복만을 염원하며, 맹신하는 사람들이 되어 버렸다.

46. "뽓타빠다여, 예를 들면 어떤 사람이 누각에 오르기 위해서 큰 사거리에서 사다리를 만드는 것과 같다.

이런 그에게 다른 사람이 다가가서 '이 사람아, 그대는 누각에 오르기 위해서 사다리를 만들고 있다. 그런데 그대는 그 누각이 동쪽 방향에 있다고 아는가, 아니면 남쪽 방향이나 서쪽 방향이나 북쪽 방향이나 위나 아래나 가운데에 있다고 아는가?'라고 말할 것이다.

이렇게 묻자 그는 '도반이여, 저것이 바로 그 누각이요, 나는 저 누각을 아래로부터 올라가기 위해서 사다리를 만드는 것이요'라고 말한다고 하자.

뽓타빠다여, 이를 어떻게 생각하는가? 참으로 이러하다면 그 사람은 아주 정확하고 멋진 말을 한 것이 아닌가?"

"세존이시여, 분명히 그렇습니다. 참으로 그러하다면 그 사람은 참으로 정확하고 멋진 말을 한 것입니다."

디가니까야 제1권 《뽓타빠다경》 495쪽

이와 같이 부처님께서는 사다리를 가지고 탑에 올라가는 비유를 하셨다. 이처럼 부처님의 가르침은 애매모호한 가르침이 아니고 누구라도 그 법에 대해서 이해할 수 있다면 깨달음에 이를 수 있는데 그것은 마치 수학에서 정답을 낼 수 있는 공식과도 같은 것이다.

불교는 타 종교와는 달리 신을 숭배하지 않는 유일한 종교라는 데는 모두가 이견이 없을 것이다. 그런데 지금 불교의 현실은 어떠한가? 청정한 수행 도량이 되어야 할 불교가 업·윤회·전생·영혼·신·극락정토 등등 이루 헤아릴 수 없는 비불교적인 요소들이 판치는 곳으로 변질되어 버렸다.

이에 세존께서는 다시 모든 비구들에게 말씀하셨다.
"만일 다른 사람들이 너희를 몹시 욕하고 매질하며 성내고 꾸짖거나, 또 공경하고 공양하며, 예로써 섬기고 존중하더라도, 너희는 그 때문에 성내거나 미워하지 말고, 해칠 마음을 일으키지 말며, 또한 반가워하거나 기뻐하지 말고, 마음으로 즐거워하지도 마라. 왜냐하면 우리에게는 신(神)이 없고, 신의 소유도 없기 때문이다. 마치 이제 이 승림(勝林) 문밖에 있는 마른 풀이나 나무를 다른 사람이 가지고 가서 불태우거나 마음대로 쓰는 것과 같다. 너희 생각에는 어떠하냐? 그 마른 풀이나 나무가 혹 '다른 사람들이 나를 가지고 가서 불태우고 또 마음대로 쓴다.'고 이렇게 생각하겠는가?"

"아닙니다. 세존이시여."

"이와 같이 만일 다른 사람들이 너희를 몹시 욕하고 매질하며, 성내고 꾸짖거나, 또 혹은 공경하고 공양하며, 예로써 섬기고 존중하더라도, 너희는 그 때문에 성내거나 미워하지 말고, 해칠 마음을 일으키지 말며, 또한 반가워하고 기뻐하거나 마음으로 즐거워하지 마라. 왜냐하면 우리에게는 신도 없고, 신의 소유도 없기 때문이니라."

중아함경 제54권 《200. 아리타경》

이러한 비불교적인 요소는 부처님께서 가르쳐 주신 중도연기법에 대해 무지한 탓에 빚어진 필연적 귀결이라 할 수 있을 것이다. 그래서 지금은 마치 이러한 비불교적인 요소가 부처님 당시의 가르침인 양 왜곡되어 버려 누구도 의심하는 이가 없을 정도가 되어 버렸다. 하지만 불행 중 다행으로 최근 들어 초기불교에 대한 관심이 높아지면서 초기의 가르침으로 돌아가려는 노력이 곳곳에서 나타나고 있음을 볼 때 참으로 반갑고 기쁘기 그지없다.

　부처님의 가르침 중에서 중도연기법에 대해서만큼 많은 사람들의 분분한 견해와 논쟁이 야기되었던 가르침은 없었다고 해도 과언이 아닐 것이다. 이러한 사실은 중도연기법에 바탕을 두지 않고서는 부처님이 가르치고자 했던 불교의 참된 교리를 알 수가 없다는 반증일 것이다.

　그래서 저자는 중도연기법에 대하여 사람들이 잘못 받아들이고 있는 몇 가지 부분을 초기의 부처님 가르침을 통하여 바르게 논하고자 한다.

　첫째, 삼세(과거·미래·현재)를 어떻게 보아야 하는가?

　둘째, 신은 존재하는가?

　셋째, 자아란 존재하는가?

　넷째, 업·윤회·전생은 무엇인가?

　다섯째, 태어남과 죽음이란 무엇인가?

여섯째, 연기의 발생과 소멸을 어떻게 보아야 하는가?
일곱째, 순환 유전연기와 환멸연기는 무엇인가?
여덟째, 깨달음이란 무엇인가?
아홉째, 깨달음 후에는 어떻게 되는가?

 부처님 가르침인 중도연기법을 바르게 이해하지 못하고는 고해의 바다에서 한 발짝도 나올 수 없다. 부처님의 정법을 믿고 바르게 수행 정진하고자 하는 분들에게 필자의 중도연기법에 대한 견해가 고해의 바다를 건너 피안에 이를 수 있는 뗏목의 방향키 역할이나마 할 수 있으면 하는 바람이다.

2009년 2월 봉은사에서
휜일 합장

| 일러두기 |

1. 초기 경전을 인용하여 부처님이 설하신 중도연기에 관해 필자의 견해를 밝힌다.

2. 본문 중 인용한 '앙굿따라니까야'는 대림 스님이 번역하고 초기불전연구원에서 나온 경전을, '디가니까야'는 각묵 스님이 번역하고 초기불전연구원에서 나온 경전을, 그 밖의 '잡아함경', '중아함경', '증일아함경'은 동국역경원에서 출간한 경전에서 일부분을 발췌하여 옮겨 사용하였다. 이에 그 필자 및 간행자에게 감사드린다.
   *앙굿따라니까야, 대림 스님 역, 초기불전연구원, 2006(1, 2권), 2007(3, 4, 5, 6권)
   *디가니까야, 각묵 스님 역, 초기불전연구원, 2006.
   *잡아함경, 동국역경원.
   *증일아함경, 동국역경원.
   *중아함경, 동국역경원.

3. 이 책에서 인용된 경전 중 강조된 부분은 경전에서 일반인들이 놓치기 쉬운 부분을 표시한 것임을 밝힌다.

4. 제1장을 바르게 이해하려면 제2, 3, 4, 5장의 흐름을 이해하고 보는 것이 더욱 도움이 될 것임을 밝힌다.

차례

추천의 말 4
들어가는 말 8
일러두기 17

제1장 중도연기 21

    1. 삼세를 어떻게 볼 것인가 39
    2. 신은 존재하는가 44
    3. 자아란 존재하는가 53
    4. 업·윤회·전생은 무엇인가 57
    5. 여래란 무엇인가 78

제2장 연기의 발생과 소멸 83

    1. 연기법 84
    2. 현상과 현실 89
    3. 순환(유전)연기와 환멸연기 95

4. 삼법인 105
5. 사념처법 109
6. 오온과 오취온 115
7. 육근 · 육경 · 육식 122

제3장 12연기의 흐름과 구성 요소 133

1. 연기의 흐름과 연기의 흐름을 파악하는 순서 147
    1) 9연기로 연기의 흐름을 파악하는 방법 147
    2) 10연기로 연기의 흐름을 파악하는 방법 156
    3) 11연기로 연기의 흐름을 파악하는 방법 162
    4) 12연기로 연기의 흐름을 파악하는 방법 171
    5) 12연기의 흐름에서 삼세양중인과를 이해하는 방법 177

2. 12연기의 구성 요소 186
    1) 무명 186
    2) 행 191
    3) 식 196

4) 명색   204
   5) 육입   206
   6) 촉   212
   7) 수   214
   8) 애   218
   9) 취   224
   10) 유   227
   11) 생   241
   12) 노사   249

제4장 사성제 253

제5장 팔정도 263

나오는 말   292

중도연기(中道緣起)

 제1장

중도연기(中道緣起)

    부처님께서 깨달은 법은 중도연기법이다. 그러므로 중생들에게 가르친 법도 중도연기법일 수밖에 없다. 사람들은 부처님이 설하신 법이 팔만 사천 가지로 무수히 많다고 하지만 이러한 많은 방편법들은 결국 중도연기법 한 가지를 설하신 것뿐이다.

    따라서 부처님께서 설하신 중도연기법을 바르게 이해하지 못하고는 부처님 법을 논하거나 수행한다는 것은 애당초 말이 되지 않는다. 그럼에도 사람들은 정법을 바르게 알지도 못하면서 부처님의 가르침대로 수행한다며 곁가지의 수행을 나름대로 취하여, 오히려 부처님의 가르침을 왜곡시켜 버리고 말았다. 이로 말미암아 오늘날까지 범부들은 깨달음은 요원한 것이라는 생각을 해 왔던 것이다.

    하지만 중도연기법이 정말 깨닫기가 어렵고 힘든 것이라면 "나의 법은 현재에서 모든 번뇌를 떠나며, 시절을 기다리지 않고 통달하여 밝게 보며, 자기를 인연하여 스스로 깨닫는다."라거나, "누구나 와서 이 법을 보라."라고 하셨던 부처님의 모든 말씀은 중생을 희롱한 언설이 되고 만다. 깨달음은 요원한 것이라는 왜곡된 생각으로 부처님의 가르침을 바르게 수행하지 않는다면 이는 도리어 부처님을 철저히 비방하는 꼴이 되고 마는 것이다.

"바라문들이여, 욕망에 물들고 욕망에 사로잡히고 그것에 얼이 빠진 자는 자기를 해치는 생각을 하고 둘 모두를 해치는 생각을 한다. 그는 육체적 고통과 정신적 고통을 경험한다." ……

"바라문들이여, 성내고 성냄에 사로잡히고 성냄에 압도된 자는 자기를 해치는 생각을 하고 타인을 해치는 생각을 하고 둘 모두를 해치는 생각을 한다. 그는 육체적 고통과 정신적 고통을 경험한다." ……

"바라문들이여, 어리석고 어리석음에 사로잡히고 어리석음에 압도된 자는 자기를 해치는 생각을 하고 타인을 해치는 생각을 하고 둘 모두를 해치는 생각을 한다. 그는 육체적 고통과 정신적 고통을 경험한다. 어리석음을 버렸을 때 그는 자기를 해치는 생각을 하지 않고 타인을 해치는 생각을 하지 않는다. 그는 육체적 고통과 정신적 고통을 경험하지 않는다. 바라문이여, 이렇게 법은 스스로 보아 알 수 있고, 시간이 걸리지 않고, 와서 보라는 것이고, 향상으로 인도하고, 지자(智

者)들이 각자 알아야 하는 것이다."

앙굿따라니까야 제1권 《어떤 바라문경》 399쪽

    욕망·성냄·어리석음에 압도된 자들은 그것으로 인해 결국은 육체적 고통과 정신적 고통을 경험하게 된다. 하지만 이러한 고통을 겪지 않고 자신과 타인을 같이 이롭게 만들어 나갈 수 있는 방법을 부처님께서 설하셨는데 이것을 가리켜 중도연기법이라 한다.

    중도연기법은 상견과 단견의 두 극단의 견해를 벗어나 현상에 대한 본질을 통찰하여 해탈 열반하라는 가르침이다. 육체와 정신에 대하여 '육체와 정신은 항상한가?' 혹은 '다음 생까지 연결되는가?'라고 영원불멸함으로 사고하는 것을 상견이라 하고, '금생의 한 생으로 끝나는가?'라고 하여 절멸이나 허무주의 견해를 갖는 것을 단견이라 한다.

    어리석은 범부들이 '모든 것은 신의 뜻에 의해 이루어졌다^{상견}.'라거나 '죽으면 모든 것이 끝이다^{단견}.'라는 등의 허망한 견해에 묶여 있는 동안은 끝없는 육체적 고통과 정신적 고통을 경험할 수밖에 없다.

    신의 뜻에 의해 자연현상과 인간 삶의 현상이 일어나는 것이라면 잘되는 것과 잘되지 못하는 것, 선함과 불선함 등의 모두는 신의 의지대로일 것이다. 그렇다면 인간이 스스로 해야 할 것과 하지 말아야 할 것이 있을 수 있겠는가? 오직 기도만이 최선이 될 것이다. 기도할 때의 바람^{선하고자 하고 악을 물리치고자 하는}은 모두 신의 뜻인데, 여기에 어떻게 인간의 의지가 개입될 여지가 있겠는가? 선과 악의 나타남은 이미 신의 뜻에 의해 결정되어 일어난 결과일 뿐이니 말이다.

또한 '죽으면 모든 것이 끝이다.'라는 견해를 주장한다면 그러한 생각이 어떻게 지금의 삶에서 이롭게 나타날 수 있겠는가? 어리석은 범부들이 삶 속에서 자포자기하는 행과 허무 단멸의 사고야말로 향락과 방종으로 이끌게 되어 나와 남을 모두 파멸의 구렁텅이로 몰고 가는 원인이 되는 것이다. '묻지 마' 살인 등 온갖 악행을 저지르게 되는 것 역시, 허무 단멸에 빠진 결과에 기인한다고 볼 수 있다.

그러므로 이러한 어리석은 견해들에 취착(取着)하는 한 육체적 고통과 정신적 고통을 벗어나기는 어렵다. 어리석은 범부들이 모든 고통에서 벗어나고자 갖은 몸부림을 치지만 삿된 견해에서 기인한 행위들은 결국 또 다른 고통을 불러오는 토대가 되어 고통에서 벗어날 수 없게 할 뿐이다. 모든 고통에서 벗어나 해탈 열반하려면 오직 바른 법을 의지하는 길밖에 없다.

그래서 부처님께서 '현재의 인식'에 대한 것으로 상견을 타파하고, '현재의 육체적인 삶인 생과 노사'로 단멸을 논파하고자 중도연기법을 설하셨다.

부처님께서 빠세나디 왕에게 말씀하셨다.
"니간타자이나 교도를 칭하는 어리석고 미혹하여 뜻이 항상 삿되고 마음도 안정되어 있지 않은 사람입니다. 그런 스승의 법이기 때문에 그런 말을 하는 것일 뿐입니다. 대개 몸이 행한 과보와 입이 행한 과보를 받는다는 것은 두말할 나위도 없거니와 뜻이 행한 과보는 형상이 없기 때문에 볼 수 없는 것입니다.

이 세 가지 행 가운데 뜻의 행이 가장 중요합니다. 입의 행과 몸의 행은 말할 만한 것이 못 됩니다."

왕이 부처님께 여쭈었다.

"무슨 인연으로 뜻의 행이 가장 중요하다고 하십니까?"

부처님께서 왕에게 말씀하셨다.

"대개 사람의 소행은 먼저 뜻으로 생각한 뒤에 입으로 말하고 나면 곧 몸으로 살생·도둑질·음행을 저지르기 때문입니다. 설근(舌根)은 정해진 것이 아니고 또한 일정하지 않아 선악의 분별을 할 수 없는 것입니다. 설령 그 사람이 목숨을 마치더라도 신근(身根)과 설근은 남아 있습니다. 그러나 그 사람은 무슨 까닭에 몸으로 행하지 못하고 혀로 말하지 못합니까?"

왕이 부처님께 아뢰었다.

"그 사람은 의근(意根)이 없기 때문에 그런 변괴몸으로 행하지 못하고 혀로 말하지 못하는 것가 있는 것입니다."

부처님께서 왕에게 말씀하셨다.

"지금 이런 사실을 놓고 보더라도 의근이 가장 중하고 다른 두 가지는 가볍다는 것을 알 수 있을 것입니다."

증일아함경 제51권 〈대애도반열반품②〉

　　부처님 당시 모든 수행자들은 정신으로 짓는 업보다는 육체로 짓는 업을 더 중요하게 인식하였다. 그들은 육체의 혹독한 고행을 통해 육체에 묶여 있는 영혼을 해방시켜 영원불멸의 생명을 갖고 절대와의 합일을 목적으로 수행 정진했기 때문이었다.

　　그러나 부처님은 외도들이 행하는 삿된 수행은 절대와의 합일이나 자신 스스로가 절대 존재가 되고자 하는 열망에서 기인한 수행이기 때문에, 그런 모든 행위는 영원불멸에 대한 갈망에 의해 일어난 허망한 몸짓^{행위}일 뿐이라 하셨다. 이러한 허망한 수행은 자신과 타인 모두를 그르치는 행위라고 하셨다.

　　부처님께서는 육체로 짓는 업보다는 정신으로 짓는 업이 더 중하고 무겁다고 설하셨다. 그 이유는 먼저 정신적 고통이 제어되어야만 육체적 고통이 제어될 수 있기 때문이다. 그러므로 부처님께서 이렇게 정신적 고통이 제어된 후 육체적 고통이 제어되면 육체적 고통과 정신적 고통을 경험하지 않을 수 있다고 하셨다. 이러한 가르침이야말로 부처님 당시의 육사외도들의 가르침과 뚜렷한 차이가 나는 것이다.

　　그래서 극단적인 육체적 고행과, 감각적 욕망에 의한 향락이나 방종의 두 극단적인 견해에 묶이지 않는 것이 바로 부처님의 중도연기의 가르침이다.

그때 세존께서 곧 게송을 말씀하셨다.

세상에 잡된 다섯 가지 빛깔 오온
그것을 애욕이라고 하지는 않는다.
그것을 탐하고 생각하는 것 오취온
그것이 곧 사람의 욕심이니라.
온갖 빛깔 언제나 세상에 있나니
수행하는 사람은 욕심을 끊어야 한다.

잡아함경 제28권 《752. 가마경(迦摩經)》

오온과 오취온의 발생에 대해서 부처님께서 '오온도 탐욕이다.'라고 말은 했지만 그것이 중요한 것이 아니고, '오온을 취착함 오취온'이 더 중(重)하다고 강조하셨다. 그 오취온을 소멸시키라는 것이 부처님의 가르침이다.

어리석은 범부들은 이러한 가르침을 외면한 채 수많은 전생과 내생을 논하고, 전생에 닦은 업으로 근기를 논하며, 업·윤회·신 등의 논리에 빠져 헤어 나오지 못하면서 깨닫고자 허망한 몸짓을 하고 있다. 이것은 실로 불가능에 도전하는 일이다. 이러한 행위는 부처님의 가르침을 철저히 외면하고 비방하는 것이다.

그렇다면 과연 부처님의 가르침이 난해하고 어렵기 때문에 깨닫기 힘든 것인가?

절대 그렇지 않다. 단지 어리석은 범부들 스스로 부처님께서 가르치고자 했던 중도연기법에 대해 알고자 노력하지 않고 맹목적으로 남의 말에 빠져 헤매고 있었기에 깨달음과 멀어졌을 뿐이다. 전통이나 경전의 권위, 논리적으로 그렇기 때문에, 혹은 스승에 대한 존경심 등에 전적으로 의존한 수행은 깨닫는 데는 아무런 도움이 되지 못한다.

이와 같이 들었다.

어느 때 부처님께서 마가다국의 보리수나무 밑에 계셨다. 그때 세존께서는 정각을 이룬 후 얼마 되지 않아 이렇게 생각하셨다. "내가 얻은 매우 깊은 이 법은 밝히기 어렵고 알기 어려우며, 깨달아 알기 어렵고 생각하기도 어려운 것이다. 번뇌가 끊어진 미묘한 지혜를 가진 사람만이 깨달아 알 수 있는 것이다. 그 이치를 분별하여 익히기를 게을리하지 않으면, 곧 기쁨을 얻을 것이다. 설령 내가 남을 위해 이 미묘한 법을 연설하더라도 사람들이 믿고 받아 주지 않거나 또 받들어 실천하지 않으면, 부질없이 수고롭고 손해만 있을 것이다. 나는 이제 차라리 침묵을 지키는 것이 좋겠다. 어찌 꼭 설법할 필요가 있겠는가?" ……

"내 너희에게 중생들을 가엾이 여겨 이제 감로의 법을 열 것이니, 이 법을 듣는 자는 자기의 낡은 믿음을 버려야 할 것이요, 이 법은 깊고 미묘하여 쉽게 이해하기는 어려울 것이니라."

증일아함경 제10권 〈19. 권청품〉

"내가 얻은 바른 법은 매우 깊고 미묘하다. 내가 만약 저 중생들을 위해 설명하더라도 그들은 그것을 알아듣지 못할 뿐 아니라 도리어 두려움을 느낄 것이다. 그래서 나는 차라리 침묵하고 법을 설하지 않을까 하고 있다." ……

"법은 미묘하여 때로는 세상의 일들과는 서로 반대된 것이기도 하다. 중생들은 욕심에 물들고 어리석음에 덮여 있어서 욕망을 벗어나야 한다는 내 가르침을 이해하기 어려울 것이다." ……

"나는 이제 기꺼이 믿고 듣고자 하는 이들을 위해 설법할 것이요, 이 법을 듣고 마음이 어지러워져 아무런 이익이 없는 자를 위해서는 설법하지 않으리라."

장아함경 제1권 《대본경》

부처님의 가르침은 탐·진·치 삼독심을 끊는 법이고, 무상·고·무아의 삼특상을 증득하는 법이다. 그러나 자아에 취착하는 어리석은 범부들은 탐·진·치에 물든 삶을 살아가기에 부처님의 법을 들으면 오히려 두려움에 떨게 된다.

증일아함경 제10권 〈19. 권청품〉에서 "밝히기 어렵고 알기 어려우며"라는 것은 지혜로운 사람이 중도연기법에 대하여 알기 어려운 것이 아니라, 어리석은 자들이 중도연기법을 밝히고 알기 어렵다는 뜻이다. 어리석은 범부들이 깨달아 알기 어렵고 생각하기도 어렵다고 한 것이지, 원래 중도연기법이 깨달아 알기 어렵고 생각하기가 어렵기 때문에 그렇게 말씀하신 것이 아니다. 이것은 어리석은 중생들이 탐·진·치에 물들어 있기 때문에 중도연기법을 바르게 알기 어렵다는 말씀인 것이다. 그래서 "번뇌가 끊어진 미묘한 지혜를 가진 사람만이 깨달아 알 수 있는 것이다."라고 설하신 것이다. 그러므로 중도연기법의 이치를 익히기를 게을리하지 않으면 반드시 깨달음에 대한 기쁨을 얻을 수 있는 것이다.

장아함경 제1권 《대본경》에서 "내가 얻은 바른 법은 대우 깊고 미묘하다. 내가 만약 저 중생들을 위해 설명하더라도 그들은 그것을 알아듣지 못할 뿐 아니라, 도리어 두려움을 느낄 것이다."라는 것은 어리석은 범부들이 '나'가 죽어야 한다는 인식을 일으키기 때문에 두려움을 느낀다고 말씀하신 것이다. 이것은 범부들이 지금 자아라고 인식하는 내가 실체가 없음에도, 실재(實在)하는 존재라고 착각하고 잘못 이해했기 때문이다.

부처님의 가르침은 자아라고 취착하는 삿된 견해를 끊으라는 것인데 어리석은 범부들은 '나보고 죽으란다.'며, 자신의 '육신'이 죽어야 하는 것으로 착각하기 때문에 두려워하는 것이다.

부처님께서 말씀하신 죽음이란 육신의 죽음을 요구하는 것이 아니라, 어리석은 내가 삶을 살아간다는 것에 대한 취착심을 죽이라는 것이다. 그런데 이러한 부처님의 가르침을 바르게 알지 못하기 때문에 어리석은 자들은 말로만 수행한다고 하면서 자기 자신의 허망식이 죽기를 열망하지만 정작 죽음이 눈앞에 닥치면 두려움에 빠지게 되는 것이다.

중아함경 제54권 《200. 아리타경》에서 부처님께서 다음과 같이 말씀하셨다.

"이전에는 나(我)라는 것이 있었는데 지금은 없다. 나라는 것을 주장해 보아도 나를 얻을 수 없다. 어리석은 그는 이렇게 보고 이렇게 말하면서 근심하고 슬퍼하며, 괴로워하고 울며, 가슴을 치면서 미친 증세를 일으킨다. 비구야, 이와 같이 안(內)을 인하여 두려움이 있느니라. ……그 비구는 이른바 긴 세월 동안 사랑할 것도 없고 즐겨할 것도 없으며, 마음으로 생각할 것도 없기 때문이다. 비구야, 많이 행한 그는 곧 근심하고 슬퍼하며, 괴로워하고 울면서 가슴을 치고 미친 증세를 일으킨다. …… '나는 완전히 멸망해 다시는 존재하지 않는구나.

…….' 라고 두려움을 일으킨다. 비구야, 이렇게 밖(外)을 인하여 두려움이 있느니라."

이렇게 부처님은 무상 · 고 · 무아의 법을 이해하지 못한 어리석은 범부들의 안나, 내 것, 나의 자아에 대한 취착과 밖을 인한 두려움을 말씀하고 계신다.

결국 어리석은 범부들은 자아 취착이라는 삿된 견해에 빠져 '자아를 죽여라.'라는 바른 가르침을 듣게 되면 가슴을 치면서 미친 증세를 일으키게 된다는 것이다.

장아함경 제1권 《대본경》에서 "법은 미묘하여 때로는 세상의 일들과는 서로 반대된 것이기도 하다."라는 이 말도 실제 세상살이와 상반되는 것이 아니라 때로는 바른 법이 세상과 반대되는 것처럼 범부들에게는 느껴질 뿐이란 것이다. 부처님의 가르침은 세상에 대한 자아의 취착을 버리라는 것이고, 중생들의 삶은 세상에 대한 자아의 취착심을 거머쥐려는 것인데 '버리라' 하니 범부들은 당연히 세상살이에 반(反)하는 가르침이라고 인식하게 되는 것이다.

그런데 부처님의 가르침이 세상의 삶에 반(反)하는 것이 아닌 이유는 바른 법으로 어리석은 세상을 버렸더니 바른 세상이 온전히 얻어지고, 그 결과로 어리석은 세상에서 자타의 이로움이 나타나기 때문이다. 그러니 어찌 이러한 가르침을 세상과 반(反)하는 가르침이라고 할 수 있겠는가? 부처님께서는 바른 법을 알지 못하는 범부들에게는 이 법이 세상과 반(反)하는 것처럼 인식될 뿐이지만 결코 이 법이 세상과 등지는 것이 아님을 말씀하신 것이다.

장아함경 제1권 《대본경》에서 "이 법을 듣고 마음이 어지러워져 아무런 이익이 없는 자를 위해서는 설법하지 않으리라."라는 말씀으로 비추어 볼 때 부처님의 중도연기설은 탐·진·치에서 벗어나고자 하는 자들에게 그 법을 설하신 것이지, 탐·진·치에 묶인 삶을 살아가고자 하는 자들을 위해 설하신 것이 아님을 알 수 있다. 그래서 부처님께서는 바른 법을 수행하는 제자들에게 중도연기법을 바르게 배우고 익혀서 깨달음을 증득한 후 어리석은 범부 중생들에게 가르치라고 하셨다.

삿된 수행자들이 '법은 언어도단, 불립문자이기 때문에 인식할 수도 말로 표현할 수도 없다.'라고 주장하는 것은 자기 자신조차도 바르게 구제하지 못하는 허망한 말일 뿐이다. 이런 삿된 견해를 갖고 어떻게 어리석은 범부들을 제도한다고 할 수 있겠는가.

부처님의 가르침은 삿된 수행자들이 주장하는 것과 같이 뜬구름 잡는 식의 가르침이 아니라 누각에 오르는 사다리의 비유처럼 처음과 중간과 끝이 확실한 가르침이다. 그러므로 부처님의 바른 가르침에 의지하면 반드시 깨달음을 증득할 수 있고, 다른 이들에게 가르쳐 줄 수도 있다.

그렇다면 지금부터 중도연기법에 대해 차근차근 풀어 가고자 한다. 바르게 사고하고 판단하길 바란다. 그러면 부처님께서 어리석은 중생들을 위하여 무엇을 가르치고자 하셨는지 밝게 알게 될 것이다.

부처님께서 기원정사에 계실 때, 제자들에게 말씀하셨다.
"세상에는 극복해야 할 세 가지의 인생관이 있다. 자칭 지혜가 있다는 사람들이 파벌을 만들어 서로 주장을 달리하지만 인생에 있어서 아무런 이득이 없다.
하나는 '일체 모든 것은 숙명(宿命)이다.' 라는 주장이며, 그 다음은 '일체 모든 것은 신(神)이 만들었다.' 는 주장이며, 또 하나는 '모든 일은 원인도 없고 조건도 없는 우연이다.' 라는 주장이다.
그러나 생각해 보라. 만약 이 세상의 모든 것을 숙명에 의하거나, 신(神)이 이미 만들었거나, 원인도 조건도 없이 우연히 되는 것이라면 인간은 해야 할 일과 하지 않아야 할 일에 대하여 도무지 의지를 가지고 노력할 필요가 없을 것이다.
만약 어떤 사람이 살인을 하고 도둑질을 하고서 그것은 신(神)의 뜻을 따른 것이라고 말한다든지, 숙명적(宿命的)으로 그렇게 할 수밖에 없었다든지, 우연히 일어난 일이라고 말한다고 해서 그에게 책임을 묻지 않을 수 있겠는가?
나는 저들의 주장에 맞서 연기법(緣起法)을 주장하고, 그것을 오온

(五蘊)·십이처(十二處)·십팔계(十八界)·십이연기(十二緣起)·사성제(四聖諦)로 가르치고 있다. 이것은 인간이 자신의 지혜로운 선택에 의해 자기를 만들어 가는 길이다."

중아함경 제3권 《13. 도경》

    부처님이 중도연기법의 가르침을 설하신 것은 부처님 재세 시 만연하고 있던 대표적인 세 가지 교리를 타파하고자 함이었다. 세 가지 교리란 외도 수행자들의 삿된 견해로 사람들이 즐거운 느낌이나 괴로운 느낌이나 즐겁지도 괴롭지도 않은 느낌을 경험하는 것은 모두 '전생의 행위에 기인하는 것'이라거나, '신이 창조했다.'라거나 '원인도 조건도 없다.'라는 주장들이다.

    이런 삿된 견해들을 타파하셨던 부처님은 "내 법은 현실에서 이루어질 수 있는 법이지, 결코 추론해서 이해하는 법이 아니다." 또한 "이것은 인간이 자신의 지혜로운 선택에 의해 자기를 만들어 가는 길이다."라고 확언하셨다.

    이러한 가르침을 보더라도 부처님의 가르침은 맹목적으로 어떠한 대상을 신앙하라는 것이 아님을 알 수 있다. 그래서 깨달음의 길은 밖에서 찾지 말고 내 안^{자아 취착-오취온}에서 찾으라고 하신 것이다.

    중도연기라는 단어는 유일하게 부처님께서 사용하신 용어이다. 중도(中道)라 하는 것은 '영원함^{상견} 등의 없음과 단멸이라거나 허무하다

단견'는 등의 견해를 논파하고자 부처님께서 만들어 낸 단어이며, 연기(緣起)라 하는 것은 조건의 화합을 의지하여 일어나는 모든 현상을 가리키는 단어이다. 그러므로 중도연기법이라는 단어는 외도들이 쓰는 용어에서는 찾아볼 수 없으며, 부처님의 가르침을 나타내는 불교의 고유 언어로 자리 잡게 되었다.

1. "비구들이여, 만일 외도 유행승들이 묻기를 '도반들이여, 모든 법은 무엇을 뿌리로 하며, 모든 법은 무엇을 근원으로 하며, 모든 법은 무엇 때문에 일어나며, 모든 법은 어디로 모이며, 모든 법은 무엇을 으뜸으로 하며, 모든 법은 무엇의 지배를 받으며, 모든 법은 무엇을 최상으로 하며, 모든 법은 무엇을 핵심으로 하며, 모든 법은 무엇으로 스며들며, 모든 법은 무엇으로 종결됩니까?'라고 한다면 그대들은 외도 유행승들에게 어떻게 설명을 하겠는가?" ……

"비구들이여, 그렇다면 잘 듣고 마음에 잡도리하라. 나는 이제 설할 것이다."

2. "비구들이여, 만일 외도 유행승들이 묻기를 '도반이여, 모든 법은 무엇을 뿌리로 하며, …… 모든 법은 무엇으로 종결됩니까?' 라고 한다면 그대들은 외도 유행승들에게 이렇게 설명을 하여야 한다. '도반들이여, 모든 법은 열의를 뿌리로 하며, 모든 법은 마음에 잡도리함을

근원으로 하며, 모든 법은 감각접촉 때문에 일어나며, 모든 법은 느낌으로 모이며, 모든 법은 선정을 으뜸으로 하며, 모든 법은 마음챙김의 지배를 받으며, 모든 법은 통찰지(洞察智)를 최상으로 하며, 모든 법은 해탈을 핵심으로 하며, 모든 법은 불사(不死)로 스며들며, 모든 법은 열반으로 종결됩니다.'라고 외도 수행승들에게 설명해 주어야 한다."

앙굿따라니까야 제6권 《뿌리경》 221쪽

부처님의 가르침은 애매모호한 주장이 아니다. 확정적인 결과해탈 열반를 토대로 설해진 진실된 법이다. 그렇기 때문에 부처님께서는 "나의 가르침에 귀의한 제자들은 외도 수행자들을 만나면 바르고 법답게 설할 수 있어야 한다."라고 하셨다. 그래서 부처님께서 "나는 저들의 주장에 맞서 연기법을 주장하고, 그것을 오온·십이처·십팔계·십이연기·사성제로 가르치고 있다."라고 하셨다. 이렇게 자기 자신도 법답게 확신하며 또한 타인도 제도하라는 가르침이 중도연기법이다.

1. 삼세(三世)과거·미래·현재를 어떻게 볼 것인가

 과거·미래·현재라는 삼세를 고정불변하는 시간으로 상정해서는 절대로 상견에서 벗어날 길이 없다. 이는 삼세라는 시간에 대하여 후대 논사들이 고정불변하는 시간이라는 것이 존재하는 것처럼 상정함으로 인해 부처님의 중도연기법에 어긋나는 삿된 견해상견-업·윤회·전생·영혼·신·천상 등이 실재한다는 견해들이 생겨나게 되었던 것이다.

 삼세라는 시간은 실재(實在)로 존재하는 시간이 아니고, 현재의 '자아' 라는 인식을 통하여 지나간 과거의 기억을 바탕으로 미래라는 시간을 추론한 것에 불과하다. 인간에게 자아 취착의 인식이 없고 기억이 없다면 누구도 삼세를 상정시킬 수 없을 것이다.

 그래서 삼세과거·미래·현재는 자아 취착에서 생겨난 인간의 기억에 의지하여 발생한 개념일 뿐, 실재하는 시간이 존재하는 것이 아니다. 어리석은 범부들은 이러한 것을 모르기 때문에 우주의 근원을 궁리하고 존재의 원인을 찾으려 했으며 그로 말미암아 필연적으로 삿된 견해들이 생겨난 것이다.

 50. "찟따여, 만일 그대에게 '그대는 과거에 존재했었고 존재하

지 않았던 것이 아니지 않은가? 그대는 미래에 존재할 것이고 존재하지 않을 것이 아니지 않은가? 그대는 지금 존재하고 있고 존재하지 않는 것이 아니지 않은가?'라고 묻는다고 하자. 이렇게 물으면 그대는 어떻게 설명하겠는가?"

"세존이시여, 만일 제게 '그대는 과거에 …… 존재하지 않는 것이 아니지 않은가?'라고 물으신다면 저는 이와 같이 설명할 것입니다. '저는 과거에 존재했었고 존재하지 않았던 것이 아닙니다. 저는 미래에 존재할 것이고 존재하지 않을 것이 아닙니다. 저는 지금 존재하고 있고 존재하지 않는 것이 아닙니다.'라고. 세존이시여, 그렇게 물으신다면 저는 이와 같이 설명할 것입니다."

"찟따여, 만일 다시 '그대가 과거에 자아를 획득했을 때 그대에게는 그 자아의 획득만이 사실이고 미래도 헛된 것이고 현재도 헛된 것이 아닌가? 그대가 미래에 자아를 획득할 때 그대에게 그 자아의 획득만이 사실이고 과거도 헛된 것이고 현재도 헛된 것이 아닌가? 그대가 현재의 자아를 획득할 때 그대에게 그 자아의 획득만이 사실이고 과거도 헛된 것이고 미래도 헛된 것이 아닌가?'라고 묻는다고 하자. 이렇게 물으면 그대는 어떻게 설명하겠는가?"

"세존이시여, 만일 저에게 '그대가 과거에 …… 미래도 헛된 것이 아닌가?'라고 물으신다면 저는 이와 같이 설명을 할 것입니다. 제가 과거에 자아를 획득했을 때 제게는 그 자아의 획득만이 사실이었고 미래도 헛된 것이고 현재도 헛된 것입니다. 제가 미래에 자아를 획득할 때 제게는 그 자아의 획득만이 사실일 것이고 과거도 헛된 것이고 현재도 헛된 것입니다. 제가 현재의 자아를 획득할 때 제게는 그 자아의 획득만이 사실이고 과거도 헛된 것이고 미래도 헛된 것입니다.'라고. 세존이시여, 그렇게 물으신다면 저는 이와 같이 설명할 것입니다."

디가니까야 제1권 《뽓타빠다경》 498쪽

《뽓타빠다경》에서 보는 바와 같이 삼세를 논할 때 누군가가 각자에게 '과거가 존재했었는가?'라고 물었을 때는 현재의 자아를 바탕으로 과거에 대한 물음을 하는 것이고, 미래의 자아 획득에 대한 물음은 지금의 삶이 미래까지 이어진다는 전제하에서 가능한 물음이다.

"저는 미래에 존재할 것이고, 존재하지 않을 것이 아닙니다."라고 한 것은 앞으로 다가올 미래의 자신의 삶을 확정 지어서 표현한 것이 아니다. 이것은 과거의 경험에 의거하여 지속시켜 온 현재의 삶을 전제하여 미래에서도 지속되어 존재할 것이라는 기대를 표현한 어법으로 보아야 한다. 즉 미래의 자신의 삶이 존재한다는 것을 확정 지어 표현하는 것이 아니고, 지금까지 살아왔듯 일반적인 평균 수명에 따라 향후 생존에 대한 기대를 표현한 어법이라고 보아야 한다.

그래서 이러한 삼세를 바탕으로 삼세를 연한 자아를 획득함에 대해서 찟따는 과거에 자아를 획득했을 때는 현재나 미래의 자아는 아직 오지 않았기 때문에 헛된 것이고, 미래에 자아를 획득할 때는 과거와 현재의 자아는 이미 사라졌기 때문에 헛된 것이라고 표현한 것이다. 또한 현재의 자아를 획득할 때는 과거는 지나가 버렸기 때문에 헛되고, 미래라는 것은 아직 오지 않았기 때문에 헛된 것이라고 표현한 것이다. 그러므로 삼세를 연한 자아의 획득에 대하여 바르게 사고하지 못하면 삿된 견해에 빠져들 수밖에 없다.

'고정불변하는 자아'라는 실체를 상정하는 것은 부처님의 가르침을 바르게 배워 수행하지 못한 결과이다. 어리석은 범부들이 '나, 내 것, 나의 자아'라고 주장하는 '자아'라는 실체는 인식을 통해 생겨난 것일 뿐 실재하는 존재가 아니다. 이러한 범부들의 자아 취착하는 삿된 견해를 타파하고자 부처님께서 무상·고·무아의 삼법인을 설하신 것이다.

3.44 "비구들이여, 여기 그 사문 바라문들이 62가지 경우로 과거를 모색하고 미래를 모색하고 과거와 미래를 모색하며, 과거와 미래에 대한 견해를 가지고, 과거와 미래에 대한 여러 가지 교리를 단언하는 것은 알지 못하고 보지 못하고 갈애에 빠져 있는 그 사문 바라문·존자들이 단지 느낀 것에 지나지 않으며, 그 느낌이 견해와 갈애에 동요된 것일 뿐이다."

디가니까야 제1권 《범망경》 170쪽

이와 같이 부처님께서 과거와 미래에 대한 여러 가지 교리를 단언한 것은 어리석은 범부들이 바른 법을 배워 익히지 못한 결과로, 단지 그들이 자아 취착에 빠져 탐·진·치에 물들어 느낀 삿된 견해와 갈애에 취착한 것일 뿐이라는 것을 가르치기 위함이었다. 즉 삼세가 실재한다는 삿된 견해들은 단지 어리석은 자들의 허망한 주장일 뿐이라고 말씀하신 것이다.

2. 신(神)은 존재하는가

　인류가 신의 존재를 열망하게 된 것은 삶의 불확실성에 기인한다.
　인간이 이 세상을 살아 나가는 데에 아무런 고통과 장애가 없었다면 누구도 신이라는 존재를 찾으려 노력하지 않았을 것이다. 하지만 인간이 생존해 가는 데는 예기치 못한 장애가 많이 도사리고 있다. 그러한 장애를 극복하고 삶의 번영을 누리려면 미약한 인간으로서 신이라는 존재를 열망할 수밖에 없었을 것이다.
　초기 인류는 자연을 숭배하는 샤먼의 행위를 통하여 위안을 받았었다. 그러다가 점차 인간의 사고가 다양화됨으로써 고등(高等)의 신앙 체계가 생겨나게 되었고 이것이 현대의 종교로까지 이어진 것이다.

　　"우리에게는 신(神)도 없고, 신의 소유도 없기 때문이다. 마치 이제 이 승림(勝林) 문밖에 있는 마른 풀이나 나무를 다른 사람이 가지고 가서 불태우거나 마음대로 쓰는 것과 같다. 너희 생각에는 어떠하냐? 그 마른 풀이나 나무가 혹 '다른 사람들이 나를 가지고 가서 불태우고 또 마음대로 쓴다.'라고 이렇게 생각하겠는가?"
　　"아닙니다, 세존이시여."

"이와 같이 만일 다른 사람들이 너희를 몹시 욕하고 매질하며, 성내고 꾸짖거나, 또 혹은 공경하고 공양하며, 예로써 섬기고 존중하더라도, 너희는 그 때문에 성내거나 미워하지 말고, 해칠 마음을 일으키지 말며, 또한 반가워하고 기뻐하거나 마음으로 즐거워하지 마라. 왜냐하면 우리에게는 신도 없고, 신의 소유도 없기 때문이니라."

중아함경 제54권 《200. 아리타경》

"이 승림 문밖에 있는 마른 풀이나 나무"라는 의미는 바른 법을 수행하는 이들에게는 정법만이 관심의 주제가 될 뿐 정법 이외의 세상살이에는 '옳다, 그르다' 하는 시비분별을 일으킬 필요가 없다는 뜻이다. 부처님의 가르침은 무상·고·무아의 삼법인이다. 세상에서 '나, 내 것, 나의 자아'라 할 만한 것은 그 무엇도 없다는 것이다. 즉 자신오온을 명상 주제로 들고 정진하는 수행자들은 오온의 발생과 소멸에만 관심을 둘 뿐, 세상살이에서 일어나는 현상들에는 마른 풀이나 나무를 대하듯이 해야 한다는 것이다.

그래서 수행자라면 '나'라고 인식되어지는 몸마저도 '내 것'이라고 취착하지 않아야 하는데, 하물며 몸 이외에 그 무엇을 남이 가져간다고 해서 수행자가 관심을 쓸 것이 있겠는가 하는 말이다. 곧 수행에 필요한 네 가지 필수품의복, 바루, 거주처, 약품 이외에 어떤 것에도 집착하지 말고 수행 정진하라는 가르침이다.

"만일 다른 사람들이 너희를 몹시 욕하고 매질하며, 성내고 꾸짖거나, 또 혹은 공경하고 공양하며, 예로써 섬기고 존중하더라도, 너희는 그 때문에 성내거나 미워하지 말고, 해칠 마음을 일으키지 말며, 또한 반가워하고 기뻐하거나 마음으로 즐거워하지 마라."란 어리석은 범부들이 그들의 관념으로 바른 수행자에 대해 무어라고 떠들어대더라도 바른 수행자라면 그 때문에 일희일비(一喜一悲)하지 말고 법답게 처신하라는 말이다.

그러므로 "우리에게는 신도 없고"라는 구절은 바른 법을 수행하는 자들에게는 '신이라 상정할 만한 대상이 없다.'라는 말이다. 즉 '우리에게는 신이라고 칭할 만한 존재는 없다.'라는 말인 것이다.

"신의 소유도 없기 때문이다."라는 구절은 '고정불변하는 절대의 어떤 상도 취하지 않는다.'는 것으로 곧 아트만의 자아상도 없고, 브라흐만^{불변하는 전능한 절대신}도 없다는 것으로 설명할 수 있다.

"우리에게는 신도 없고 신의 소유도 없기 때문이다."라는 것은 '우리는 신에 대한 열망도 없고, 절대에의 합일에 대한 열망도 없다. 즉 내 안의 신도 없고, 합일해야 하는 절대의 존재도 없다.'는 것을 표현한 것일 뿐이다.

신이 있어서 업의 과보에 대해 인간에게 공과를 논하여 상벌을 주는 것이 아니다. 세상살이의 행위로 말미암아 스스로 업을 짓고 스스로 업의 굴레에 묶이는 것^{자업자득}이기 때문에 결국 자신의 바른 법다움의 통찰에 의해서만 업의 굴레를 벗고 고의 소멸을 볼 수 있는 것이다.

그래서 부처님께서 수행자들은 어리석은 범부들의 행위에 대해 일희일비(一喜一悲)하지 말라고 하신 것이다. 왜냐하면 부처님의 가르침에는 신도 없고, 신과 합일하는 것도 없으며, 신이 인간의 '업 지음' 행위에 대해 과보를 판결하는 일도 없기 때문이다.

석가모니 부처님 역시 신앙과 철학 체계가 다양한 시대 상황을 경험했다. 그런 부처님께서 중도연기법을 통해 세상의 모든 종교의 신들을 철저히 부정함으로써 어리석은 중생들을 바르게 일깨웠다. 따라서 부처님께서 설하신 중도연기법에는 일체 '신'이라는 존재가 들어설 자리가 없는 것이다. 부처님께서 '신'이라는 명칭을 말한 것은 단지 그 시대 사람들이 가지고 있는 '신'에 대한 개념을 깨뜨리고자 비유적으로 표현한 것뿐이지, 결코 '신'이라는 존재가 있기 때문에 '신'에 대해서 말씀한 것이 아니다.

그럼에도 초기경 곳곳에서는 '신'이라는 명칭이 언급되고 있다. 중도연기법을 바르게 받아들이지 못한 어리석은 수행자들은 이것을 근거로 하여 부처님께서는 '절대 존재는 상정하지는 않았지만 중간계욕계·색계·무색계의 신들은 존재한다고 설하셨다.'라고 왜곡된 주장들을 하고 있다. 참으로 어리석은 견해가 아닐 수 없다.

2. "비구들이여, 그러면 어떤 사람이 아수라에 에워싸인 아수라인

가? 비구들이여, 여기 어떤 사람은 계행이 나쁘고 사악한 성품을 가졌으며 그의 회중도 계행이 나쁘고 사악한 성품을 가졌다. 비구들이여, 이와 같은 사람은 아수라에게 에워싸인 아수라이다." ……

3. "여기 어떤 사람은 계행이 나쁘고 사악한 성품을 가졌지만 그의 회중은 계행을 구족하고 선한 성품을 가졌다. 비구들이여, 이와 같은 사람은 신에 에워싸인 아수라이다." ……

4. "여기 어떤 사람은 계행을 구족하고 선한 성품을 가졌지만 그의 회중은 계행이 나쁘고 사악한 성품을 가졌다. 비구들이여, 이와 같은 사람은 아수라에 에워싸인 신이다." ……

5. "여기 어떤 사람은 계행을 구족하고 선한 성품을 가졌고 그의 회중도 계행을 구족하고 선한 성품을 가졌다. 비구들이여, 이와 같은 사람은 신에 에워싸인 신이다. 비구들이여, 세상에는 이러한 네 부류의 사람이 있다."

앙굿따라니까야 제2권 《아수라경》 236쪽

'아수라'는 신들과 항상 싸우는 존재들로 《리그베다》에서부터 나타나며, 그 후 인도의 고대 신화에 등장한다. 아수라의 기원을 보면 서아시아에서 유래했던 조로아스터교의 《아스베스타》에 나타나는 신이나 주(主)의 개념인 야후루를 지칭한다고 학자들은 말하고 있으며, 대승불교에서는 아수라를 악도에 포함시키지 않고 인간보다도 수승한 존재로 설정하기도 한다.

그런데 부처님께서는 '아수라'라는 것은 단지 인간의 성품을 비유적으로 표현한 언어일 뿐이며 실재하는 존재가 아님을 밝히고 있다. 단지 계행이 나쁘고 사악한 성품을 가진 자를 아수라로, 계행을 구족하고 선한 성품을 가진 자를 비유적으로 신이라 표현한 것이다.

"여기 어떤 사람은 계행이 나쁘고 사악한 성품을 가졌으며 그의 회중도 계행이 나쁘고 사악한 성품에 싸였다."라는 것은 그 무리가 아수라이고, 거기에 둘러싸인 '나' 역시 아수라이다. 나와 회중이 모두 아수라의 바르지 못한 행을 하고 있다는 것을 비유적으로 표현한 말이다.

"여기 어떤 사람은 계행이 나쁘고 사악한 성품을 가졌고 그의 회중은 계행을 구족하고 선한 성품을 가졌다."라는 것은 신에 에워싸인 아수라, 즉 아수라인 내가 신에 둘러싸여 있다는 것이다.

"여기 어떤 사람은 계행을 구족하고 선한 성품을 가졌지만 그의 회중은 계행이 나쁘고 사악한 성품을 가졌다."라는 것은 내가 신이라는 말이고, 나를 둘러싼 회중은 아수라라는 말이다.

"여기 어떤 사람은 계행을 구족하고 선한 성품을 가졌고 그의 회중도 계행을 구족하고 선한 성품을 가졌다."라는 것은 내가 신이고, 나를 둘러싸고 있는 회중 역시도 신이라는 말이다.

이상에서 보는 바와 같이 부처님께서는 결코 '신'이 있어서 '신'을 말한 것이 아니다. 그 사람의 바른 행실과 그릇된 행실을 비추어서 표현한 것일 뿐이다. 그러므로 지옥·아귀·축생 역시 이와 같이 견주어 사고해 보아야 한다.

결국 육도 윤회라는 것은 결국은 신·아수라와 천상·지옥은 서로 대(對)하여 비유적으로 표현하는 것일 뿐 실재로 존재하는 것은 아니다. 신이 사라지면 지옥은 저절로 사라지게 된다. 인간·축생 역시 서로 대하여 그 개념을 표현한 것으로 보아야 한다.

하나의 인식이 생겨나므로 그것을 조건 지어 또 다른 하나의 인식이 일어나는 것이다. 말하자면 신이라는 개념이 생겨나므로 그것을 조건 지어 일어나는 것이 아수라 등으로 표현되고, 마찬가지로 천상이라는 개념이 생겨나므로 그것을 조건 지어 일어나는 것이 지옥 등으로 표현된 것일 뿐이다. 이런 것을 가지고 부처님께서 연기, 즉 '조건 짓는다.'고 한 것이다.

현상을 대할 때 그것에 대해 분별심을 끊고 바르게 통찰해야 한다. 부처님께서 '이것과 저것에 묶이지 마라.'고 하신 가르침이 연기법이다. 곧 상견과 단견에 묶이지 말고 연기적 현상을 바르게 보라는 것이다. 세상의 삿된 견해들은 결국은 '이것과 저것'으로 개념화된 것뿐이다. 이러한 개념을 현상에서 바르게 통찰하여 어리석은 개념들을 소멸시키는 것을 연기법이라 하며, 이것을 바르게 알지 못하면 결국

'신'을 주장하는 삿된 견해로 흘러갈 수밖에 없는 것이다.

세존께서 말씀하셨다.

"균두야, 그 소견은 생기는 곳이나 멸하는 곳이 모두 무상하며 괴롭고 공한 것이다. 균두야, 그런 줄 알고 그렇게 생각하라. 균두야, 소견에는 62가지가 있으니, 열 가지 선한 자리에 머물러 그 소견들을 없애야 하느니라.

열 가지란 무엇인가? 남들은 살생하기를 좋아하지만 우리는 살생하지 않아야 하고, 남들은 도둑질하기를 좋아하지만 우리는 도둑질하지 않으며, 남들은 깨끗한 행을 범하지만 우리는 깨끗한 행을 행하고, 남들은 거짓말을 하지만 우리는 거짓말하지 않아야 한다. 또 남들은 이간질하는 말을 하여 이 사람 저 사람을 싸움 붙이고, 꾸미는 말·나쁜 말을 하며 질투·성냄·삿된 소견을 가지지만 우리는 바른 소견을 가져야 한다.

균두야, 알라. 나쁜 길을 따라가서 바른 길을 만나고, 삿된 소견을 좇아 바른 소견에 이르며, 삿됨을 돌이켜 바름으로 나아간다는 것은, 마치 어떤 사람이 자기도 물에 빠져 있으면서 남을 건네주려 하는 것과 같아 끝내 있을 수 없는 일이다. 자기는 열반에 들지 못하고서 남을 열반에 들게 하려 한다면 그건 그리 될 수 없느니라.

그러나 마치 어떤 사람이 자기가 물에 빠지지 않고서 남을 건네주려 한다면 그것은 있을 수 있는 일이다. 지금 그와 마찬가지로 자기가 열반에 들고서 다시 다른 사람을 열반에 들게 한다면 그것은 그리 될 수 있느니라."

증일아함경 제43권 〈47. 선악품 9〉

"열 가지 선한 자리에 머물러"라는 것은 다음과 같다.
① 몸으로 짓는 나쁜 행위인 살생, 도둑질, 음행 등.
② 말로 짓는 나쁜 행위인 거짓말^{망어}, 이간질하는 말^{양설}, 악담하는 말^{악구}, 꾸며 대는 말^{기어} 등.
③ 뜻으로 짓는 나쁜 행위인 탐욕심, 증오심, 어리석음 등의 삿된 견해들을 끊어 내고 계·정·혜 삼학을 배우고 익혀 바른 깨달음에 머물라는 가르침이다.

부처님께서는 탐·진·치의 삼독심을 끊어 내고 신·구·의업의 청정함을 통해서 자기 자신도 열반에 들고 다른 사람도 열반에 들게 하라고 말씀하신 것이다.

그러므로 탐·진·치의 삿된 소견을 버리고 탐·진·치에 대해 바른 견해를 가지고 있는 수행자라면 어떻게 신이라는 존재를 열망할 수 있겠는가. 탐·진·치의 삿된 소견을 가지고 있는 자들에게 부처님께서는 "마치 어떤 사람이 자기도 물에 빠져 있으면서 남을 건네주려 하는 것과 같아 끝내 있을 수 없는 일이다."라고 말씀하셨다.

3. 자아(自我)란 존재하는가

우리가 '자아'라 알고 있는 '나'는 '육체색와 정신수·상·행·식'으로 이루어져 있다.

'육체'는 뼈와 힘줄과 살과 피부로 싸여 있는 육신을 말한다. '정신'은 육신의 감각 접촉을 조건으로 하여 일어난 느낌·인식·의도적 행위·알음알이를 말한다.

그래서 육신과 정신을 불교 용어로 오온의 무더기라 하는 것이다. 육신과 정신은 서로 의지하면서 존재하는 것이므로 육신과 정신을 나누어서 '자아'라거나 '나'라는 존재를 설정할 수 없다. 바른 법을 배우지 못한 어리석은 범부들은 이러한 것에 대해 바르게 알지 못하므로 자아 취착의 삿된 견해를 갖게 되는 것이다.

53. "찟따여, 그와 마찬가지로 거친 자아의 획득이 있을 때에는 ……마음으로 이루어진 자아의 획득이 있을 때에는 ……물질이 아닌 자아의 획득이 있을 때에는 그에게 거친 자아의 획득이라는 명칭을 결코 얻을 수가 없고 마음으로 이루어진 자아의 획득이라는 명칭도 결코 얻을 수가 없으며 그때에는 오직 물질이 아닌 자아의 획득이라는

명칭만을 얻게 된다. 찟따여, 이런 자아의 획득들은 세상의 일반적인 표현이며, 세상의 언어이며, 세상의 인습적인 표현이며, 세상의 개념이다. 여래는 이런 것을 통해서 집착하지 않고 표현할 뿐이다."

디가니까야 제1권 《뽓타빠다경》 497쪽

부처님께서는 거친 자아의 획득은 욕계의 존재에 대한 갈애, 마음으로 이루어진 자아의 획득은 색계의 존재에 대한 갈애, 물질이 아닌 자아의 획득은 무색계의 존재에 대한 갈애 등을 조건으로 하여 일어난다고 하셨다.

앞서 '삼세를 어떻게 볼 것인가'에서 살폈듯이 과거·미래·현재를 파악하는 방법과 동일하게 자아의 획득에 대한 방법도 같은 맥락에서 보아야 한다.

"거친 자아의 획득이 있을 때에는 그에게 마음으로 이루어진 자아의 획득이나 물질이 아닌 자아의 획득이라는 명칭을 결코 얻을 수가 없고, 그때에는 오직 거친 자아의 획득이라는 명칭만을 얻게 된다. …… 마음으로 이루어진 자아의 획득이 결코 있을 수가 없다."라는 것이다.

이러한 모든 명칭들에 대해 부처님께서는 "세상의 일반적인 표현이며, 언어이며, 인습적인 표현이며, 개념이다."라고 말씀하시고 계신다.

그때 세존께서는 남아 있는 다섯 비구에게 말씀하셨다.

"색에는 나(我)가 없다. 만일 색에 나가 있다면 색에는 응당 병이나 괴로움이 생기지 않아야 하며, 색에 대하여 '이렇게 되었으면……' 한다든가, '이렇게 되지 않았으면……' 하고 바랄 수도 없을 것이다. 색에는 나가 없기 때문에 색에는 병이 있고 괴로움이 생기는 것이요, 또한 색에 대하여 '이렇게 되었으면……' 한다든가, '이렇게 되지 않았으면……' 하고 바라게 되는 것이다. 수·상·행·식도 그와 같으니라. 비구들아, 너희 생각에는 어떠하냐? 색은 항상한가, 무상한가?"

비구들은 부처님께 아뢰었다.

"무상합니다, 세존이시여."

"만일 무상하다면 그것은 괴로운 것인가?"

"그것은 괴로운 것입니다, 세존이시여."

"비구들아, 만일 무상하고 괴로운 것이라면 그것은 변하고 바뀌는 법이니라. 그런데 많이 아는 거룩한 제자가 그런 것에 대해 과연 '이것은 나다. 이것은 나와 다르다. 이것은 나와 나 아닌 것이 함께 있는 것이다' 라고 보겠는가?"

"아닙니다, 세존이시여."

"수·상·행·식도 그와 같으니라. 그러므로 비구들아 '존재하는 모든 색은 과거에 속한 것이건 미래에 속한 것이건 현재에 속한 것이건, 안에 있는 것이건 밖에 있는 것이건, 거칠건 미세하건, 아름답건 추하건, 멀리 있는 것이건 가까이 있는 것이건, 그 일체는 모두 나(我)가 아니요, 나와 다르지도 않으며, 나와 나 아닌 것이 함께 있는 것도 아니다.'라고 사실 그대로 관찰하라. 수·상·행·식도 그와 같으니라.

비구들아, 많이 아는 거룩한 제자는 이 오취온을 나(我)도 아니요, 내 것(我所)도 아니라고 본다. 이렇게 관찰하기 때문에 모든 세간에 대해서 전혀 취할 것이 없게 되고, 취할 것이 없기 때문에 집착할 것이 없게 되며, 집착할 것이 없기 때문에 스스로 열반을 깨달아 '나의 생은 이미 다하고 범행은 이미 섰으며, 할 일은 이미 마쳐 후세의 몸을 받지 않는다.'라고 스스로 아느니라."

잡아함경 제2권 《34. 오비구경》

바른 법을 배우지 못한 어리석은 범부들이 취착한 삿된 견해로 '나, 내 것, 나의 자아'라 하는 것은 인식을 통해 생겨난 것일 뿐, 실재(實在)하는 존재가 아닌 것을 모르기 때문에 '실재한다'라고 착각하고 집착하여 괴로움에 빠져들고 마는 것이다.

부처님께서 가르쳐 주신 중도연기법을 바르게 통찰하게 되면 허망한 자아에 더 이상 속아서 놀아나지 않게 될 것이다. 이렇게 바른 법을 통해야만 '자아의 실체가 무엇인가?'를 또렷하게 알게 되는 것이다.

4. 업·윤회·전생은 무엇인가

일반적으로 업(業)이라 하면 시작을 알 수 없는 무명에 의한 삼독심 탐·진·치의 행을 조건으로 하여 일어나는 것이라고 알고 있다. 그래서 전생에서 쌓아 온 업을 조건으로 하여 일어나는 현상을 윤회라고 주장한다. 이러한 업과 윤회의 사고는 운명을 심판하고 그 운명을 좌우하는 신이 존재한다는 가정하에 주장이 가능한 논리일 뿐이다.

그렇다면 신을 인정하지 않은 부처님의 가르침에서는 업·윤회·전생을 어떻게 이해하고 받아들여야 할까?

부처님께서는 바른 법을 배우고 익히지 못한 어리석은 범부들이 자아를 취착하여 의도적으로 짓는 선하고 불선한 모든 행위의 쌓임을 업業 지음 있음이라 하셨다. 이러한 업의 논리는 숙명론·신에 의한 창조론·우연발생론을 주장하는 자들의 견해와는 확연하게 다른 것이다.

13. "비구들이여, 의도적으로 짓고 쌓은 업들의 경우, 그 과보가 지금 여기에서 일어나거나 혹은 다음 생에 일어나거나 간에, 그 과보를 경험하지 않고서는 그것을 지울 수 없다고 나는 말한다. 비구들이여, 의도적으로 짓고 쌓은 업들의 경우, 그 과보를 경험하지 않고서는 괴

로움을 끝낼 수 없다고 나는 말한다."

앙굿따라니까야 제6권 《의도경》 489쪽

부처님께서 "비구들이여, 의도적으로 짓고 쌓은 업들의 경우, 그 과보가 지금 여기에서 일어나거나 혹은 다음 생에 일어나거나 간에"라고 하신 것은, 그 과보를 일으키게 되는 업 지음 있음^{의도적으로 짓고 쌓은 업들}은 있지만 그 과보가 금생과 혹은 다음 생^{내생}에 반드시 일어난다는 '숙명론'으로 설명하신 것이 아니다. 외도들이 주장하는 '숙명론'은 자신이 지금 의도적으로 짓는 어리석은 행위와 관계없이 단순히 지은 과거의 업에 의해서도 그 결과가 금생과 혹은 다음 생에 반드시 일어난다는 견해이다.

이러한 숙명론을 주장하는 외도 수행자들에게 부처님께서는 "지금 너희가 살생을 하고, 도둑질을 하고, 음행을 하는 등 모든 불선한 행을 저질렀을 때 그것이 전생에 지은 업 때문에 일어난다고 한다면 과연 그러한 행위에 대해서 지금 너는 그 결과에 책임이 없다고 할 수 있겠는가?"라고 하셨다.

그래서 앙굿따라니까야 제1권 《외도의 주장경》 433쪽에서 부처님께서는 다음과 같이 말씀하셨다.

"비구들이여, '모든 것은 전생의 행위에 기인한다.'라고 진심으로 믿는 자들에게는 해야 할 것과 하지 말아야 할 것에 대해 하려는 열의와 노력과 하지 않으려는 열의와 노력이 없다. 해야 할 것과 하지 말아야 할 것에 대해 진실함과 확고함을 얻지 못하고 마음챙김을 놓아 버리고 여섯 가지 감각 기능의 문을 보호하지 않고 머물기 때문에 그들은 자기들 스스로 정당하게 사문이라고 주장하지 못한다."

하지만 이렇게 말씀하시며 법답게 풀어 주어도 어리석은 범부들은 바른 법을 이해하고 받아들이려는 노력은 하지 않고, 삿된 견해에 빠져 허망한 주장만을 하고 있으니 참으로 통탄할 일이 아닐 수 없다.

《의도경》에서 "그 과보를 경험하지 않고서는 그것을 지울 수 없다고 나는 말한다."라고 하신 것은 반드시 과보를 받는다는 말씀이 아니다. 의도적인 업을 지음으로 인해 현생에서 연을 만남으로써 일어날 수 있는 결과가 설사 지금 나타나지 않았다 하더라도 그 과보가 없어진 것이 아니고, 이 생이 끝날 때까지 '업 지음 있음'이 연을 만나게 되면 언제라도 그 결과가 선과 불선의 과보로 나타난다는 것이다. 그래서 그 결과의 과보를 경험하지 않고서는 "그것을 지울 수 없다."라는 표현을 쓰신 것이다.

지금 사람들이 자신이 과거에 지은 '업 지음 있음'은 까맣게 잊어버린 채 살다가 어느 날 그 과보가 문득 나타났을 때 '나는 전생에 무슨 업을 지어서 팔자가 이렇게 되었을까?'라는 식으로 한탄을 하고 있다. 하지만 그것은 전생이나 팔자의 문제가 아니라, 자신이 몸을 가지고 의도적으로 '업 지음 있음'을 짓고서 까맣게 잊어버리고 있던 것이 현생^{지금 여기}에서 업을 발생시키는 연을 만나서 일어났을 뿐이다.

자신 스스로가 무엇을 원하고 어떠한 행위를 지어 왔으며 지금까지 어떻게 살아왔는지조차도 살펴보지 못한 결과, 막상 그 과보가 일어났을 때에는 범부들은 모두 전생의 탓으로 돌려 버리고 마는 것이다. 이렇게 바른 법을 알지 못하는 범부들은 이러한 어리석음을 짓고 살아가고들 있는 것이다. 하지만 자아 취착을 끊어 버린 성인들은 '업 지음 없음'의 행을 지어 감으로써 지금 여기^{현생}에서 행복과 평온에 머무르게 된다. 그래서 이러한 것에 대해서 어리석은 범부들은 바르게 알지 못하기 때문에 《의도경》에서 부처님께서는 "그 과보를 경험하지 않고서는 괴로움을 끝낼 수 없다고 나는 말한다."라고 말씀하셨다.

이것은 숙명론이나 결정론을 말씀하신 것이 아니고, 그가 지은 '업 지음 있음'에 대해서는 죽을 때까지 그 과보를 지은 자가 스스로 받게 된다는 가르침이다.

'업 지음 있음'에 조건으로 하여 일어나는 과보는 선한 과보와 불선한 과보가 있다. 선·불선이라는 것은 세상 사람들이 알고 있는 윤리 도덕의 잣대로 분별 짓는 착함과 악함을 뜻하는 것이 아니다. 부처님께서 말씀하시는 선이라는 것은 중도연기법의 바른 통찰을 통하여 나타난 결과인 삼법인계·정·혜의 무르익음에 의해 나타나는 선한 업 지음을 행하는 것을 말하고, 불선이라는 것은 바른 법을 등지고 삿된 견해에 집착하여 열 가지몸으로 짓는 세 가지(탐), 말로 짓는 네 가지(진), 뜻으로 짓는 세 가지(치)의 삿된 행위 불선한 업 지음을 행하는 것을 말한다.

그래서 "의도적으로 짓고 쌓는 업들의 경우 과보를 경험하지 않고서는 괴로움을 끝낼 수 없다고 나는 말한다."라고 설하신 것이다.

'업 지음 있음'과 '업 지음 없음'의 결과에 대한 과보를 또렷이 통찰하는 수행자들을 위해 부처님께서 이렇게 말씀하셨다,

"누군가가 나를 존경하고 받들고 칭송한다면 '나는 그것으로 기뻐하진 않지만 내가 숙고한 바로는 내가 이렇게 훌륭한 수행자로서 머물고 있기 때문에 그들이 칭찬하는 것이구나.'라고 인식되면 받아들이고, 누군가 나를 비방한다면 '그들이 단지 어리석기 때문에 비방하는 것일 뿐이지, 나의 법에 문제가 있는 것이 아니다.'라고 법답게 받아들이고 있다. 그래서 나는 그들의 칭찬에도 기뻐하지 않고 비방에도 분노하지 않노라."

이러한 말씀은 "누군가가 칭찬을 하더라도 법다움을 칭찬할 뿐이며, 비방을 하더라도 그들이 단지 법다움을 모르고 어리석기 때문에 비방할 뿐이므로 나는 그들의 소견에 동요되지 않는다."라고 하신 것

이다. 이렇듯 부처님의 바른 법을 수행하는 불자라면 어리석은 자들의 견해에 흔들림 없이 스스로를 법답게 추슬러 해탈 열반으로 나가야 할 것이다.

부처님께서 가르치신 업(業 지음 있음)은 과거 전생에서 지은 것의 결과가 지금 여기에서 맺어진다는 희론(宿命論)이 아니고, 부처님의 가르침에 의한 업(業 지음 있음)은 지금 '자아 취착'을 떨쳐 버리지 못하고 어리석은 견해로 지은 선·불선의 결과가 나타남을 일컫는 용어이다.

이러한 업·윤회·전생의 모든 논리는 현재 자아가 존재한다는 취착심에서 생겨난 견해일 뿐 실재하는 것이 아니다.

그러므로 바른 수행자라면 업의 흐름에 대해 '현재(금생)를 기준으로 의도적 행위들이 쌓여 지나간 것을 과거(전생)에 지은 업 지음 있음이라 하는 것이고, 생명이 존속하는 동안 닥쳐올 과보를 미래(내생)의 업 지음 있음이라 하는 것'이라 사고해야 한다.

1. "비구들이여, 업을 유발하는 세 가지 원인이 있다. 어떤 것이 셋인가?

탐욕이 업을 유발하는 원인이고, 성냄이 업을 유발하는 원인이고, 어리석음이 업을 유발하는 원인이다.

비구들이여, 탐욕이 만들었고, 탐욕에서 생겼고, 탐욕이 원인이고, 탐욕에서 일어난 업은 자신이 태어난 바로 그곳에서 익는다. 업이 익는 그곳에서 그 업의 결과를 경험한다. 그것은 금생이나 혹은 내생에서 일어난다.

비구들이여, 성냄이 만들었고, 성냄에서 생겼고, 성냄이 원인이고, 성냄에서 일어난 업은 자신이 태어난 바로 그곳에서 익는다. 업이 익는 그곳에서 그 업의 결과를 경험한다. 그것은 금생이나 혹은 내생에서 일어난다.

비구들이여, 어리석음이 만들었고, 어리석음에서 생겼고, 어리석음이 원인이고, 어리석음에서 일어난 업은 자신이 태어난 바로 그곳에서 익는다. 업이 익는 그곳에서 그 업의 결과를 경험한다. 그것은 금생이나 혹은 내생에서 일어난다.

비구들이여, 업을 유발하는 데는 이러한 세 가지 원인이 있다."

2. "비구들이여, 업을 유발하는 세 가지 원인이 있다. 어떤 것이 셋인가? 탐욕 없음이 업을 유발하는 원인이고 성냄 없음이 업을 유발하는 원인이고 어리석음 없음이 업을 유발하는 원인이다. 비구들이여, 탐욕 없음에서 만들었고 탐욕 없음에서 생겼고 탐욕 없음이 원인이고 탐욕 없음에서 일어난 업은 탐욕을 버렸기 때문에 제거되었고, 그 뿌리가 잘렸고 줄기만 남은 야자수처럼 되었고 멸절되었고 미래에 다시는 일어나지 않게끔 되었다.

…… 성냄 없음에서 일어난 업은 성냄을 버렸기 때문에 제거되었고 …… 어리석음 없음에서 일어난 업은 어리석음을 버렸기 때문에 제거

되었고 …… 미래에 다시는 일어나지 않게끔 되었다.

비구들이여, 업을 유발하는 데는 이러한 세 가지 원인이 있다."

3. "탐·진·치에서 기인한 행위를

어리석은 자는 적건 많건 짓는다.

지은 뒤에 스스로 여기서 [그 과보를] 경험한다.

다른 사람이 경험하는 것이 아니다.

그러므로 현명한 자는 탐·진·치를 짓지 않나니

현명한 비구는 영지를 얻어 모든 악처를 버려야 하리."

앙굿따라니까야 제1권 《원인경》 360쪽

앙굿따라니까야 《원인경》에서 "탐욕에서 일어난 업은 자신이 태어난 바로 그곳에서 익는다."라고 하셨다. 이때 자신이 태어난 바로 그곳을 알지 못하면 업이 익는 처소를 알 수가 없는 것이다.

그렇다면 부처님께서 자신이 태어난 바로 '그곳', '자아라는 생을 받음'에 대해 무엇이라고 표현하셨는지 살펴보면, 잡아함경 제43권 《1164. 바라연경》에서 다음과 같이 말씀하셨다.

"나는 이제 너희를 위해 또 다른 경을 말하리라. 접촉삼사화합된이 한 끝이 되고, 접촉의 발생이 또 다른 하나의 끝이 되며, 느낌은 중간이 되고, 욕망은 얽매임이 된다. 욕망을 익혀 가까이하면 여기저기에서 얻은바 몸은 접촉을 인연하여 그것이 점점 자라나 세상에 태어나게 한다. 이 법에 대해 지혜로써 알고 깨달음으로써 깨달으면, 지혜로써 안 것과 깨달음으로써 깨달은 것으로서 괴로움의 끝에 이르러 괴로움에서 벗어나게 되느니라."

이 《바라연경》에서 "욕망을 익혀 가까이하면 여기저기에서 얻은바 몸"이라는 것은 '이것이 바로 나다, 이것이 나의 자아다.'라고 취착하는 그 인식들이 모두 '내 몸육체·정신'에 대해서 취착하기 때문에 일어난 삿된 견해라는 것이다.

인간들에게 내 몸자아-육체의 몸, 정신의 몸이란 하나로 고정되어 있는 것처럼 인식되지만 '나'라는 것은 고정불변하는 것도 아니고 실체가 있는 것도 아니다. '나'라는 것은 부모에게서 유전되어 받은 인식과 주변 환경에서 습득된 정보들의 조합을 통하여 어리석은 인식들이 만들어낸 허망한 인식일 뿐이다. 그러기에 다중 인격이라는 표현이 생겨난 것이다. 이것을 모르는 어리석은 범부들은 '내가 경험한 것은 다 나의 자아인 것이다.'라는 삿된 견해에 빠지게 되는 것이다.

사람들은 이러한 삿된 인식에 대해 '자아육체의 몸, 정신의 몸'가 있다고 생각하기 때문에 '이것도 내 것, 저것도 내 것'이라고 주장한다. '내 것'이라고 주장하려면 그것을 내가 소유해야만이 '내 것'이라 주장할 수 있다. 그런데 어떠한 자아의 인식이 이러한 것들을 소유할 수 있겠는가. 또한 그중 어떠한 '자아'를 내세워 '이것도 내 것, 저것도 내 것'이라고 주장할 수 있겠는가. 사람들은 자아가 실재한다고 삿되게 인식하기 때문에 '이것이 내 것, 저것도 내 것'이라 하는 것뿐이다.

'이것이 내 것, 저것도 내 것'이라고 주장할 때에 먼저 '이것이 내 것'이라고 취착하게 되면 '저것'에 대해서는 미처 인식할 수 없다. 왜냐하면 인간의 인식은 한 번에 한 가지씩밖에 사고할 수 없기 때문이다. 그러니 '이것'에 대해서는 차치하더라도 도대체 '저것'에 대해서는 어떤 인식이 있어 그것을 분별하여 취착을 일으킬 수 있겠는가?

'이것이 내 것, 저것도 내 것'이라는 것은 과거에서 지금까지 그때그때 일어난 인식들을 기억 속에 순차적으로 담았기 때문에, 다만 그 기억된 인식을 토대로 하여 '이것이 내 것, 저것도 내 것' 하면서 취착하게 되는 것이다. 이러한 것을 어리석은 범부들은 바르게 알지 못하기 때문에 그들은 육체의 몸과 정신의 몸에 대해서 '나, 내 것, 나의 자아'라는 취착심을 낸다. 그래서 《바라연경》에서 부처님은 "욕망을 익혀 가까이하면 여기저기에서 얻은바 몸"이라고 하셨다.

연기법을 사고할 때 명색·육입·촉의 삼사화합을 조건으로 하여 인식이 일어난다고 알아야 한다. 그러나 인식의 최초 발생이 그러한 것이지, 그다음부터 이러한 인식을 조건으로 하여 일어나게 되는 인식들은, 이미 과거 기억을 바탕으로 한 인식이 경계와 부딪쳐[촉] 인식을 덧대면서 계속적으로 또 다른 인식을 만들어 나가는 것이다. ※제2장 7.

육근·육경·육식 참조

　이렇게 일어나고 사라지는 인식들의 쌓임을 바로 '겁(劫)'이라고 한다. 그래서 '무량겁을 내가 살아왔다.'라고 표현하는 것이다.
　"이렇게 얻은바 몸은 접촉을 인연하여 그것이 점점 자라나 세상에 태어나게 된다."라는 것은, 이렇게 내 것이라고 취착한 몸으로 인해 '내가 비로소 세상에 존재한다.'라는 삿된 견해가 일어나게 된다는 의미이다. 이것이 바로 세상에 태어남이라고 하는 것이다. 그러므로 "탐욕에서 일어난 업은 자신이 태어난 바로 그곳에서 익는다."라고 표현하셨고, 그 태어남을 바탕으로 "금생이나 내생에서 일어난다."라고 설하신 것이다.
　중아함경 제56권 《205. 오하분결경》에서 부처님께서 "저 어린아이에게는 자아라는 취착은 없다. 하지만 '자아'라 취착할 수 있는 잠재 성향은 깃들어 있다."라고 말씀하신 것은 이러한 의미이다. 지금 '태어났다육체를 받아 출생했다'고 해서 바로 내가 금생이라고 인식할 수 있는 것은 아니다. 금생이라고 인식할 수 있으려면 기억들이 쌓여야 비로소 금생이라고 인식할 수 있게 되는 것이다. 이러한 견해들을 바탕으로 '태어났다자아가 생(生)했다'고 하는 것이다. 그렇게 태어나서 자아 취착에 확실하게 물들어 있는 현상을 '금생'이라 표현하는 것이다.
　앞에서 논한 것처럼 금생을 전제로 내생도 '육체가 존속하고 자아라고 인식할 수 있는 동안 나의 생도 미래에 계속 존재할 것이다.'라고 기대하고 추측하므로 내생에서 일어난다고 상정시키는 언어적인 표현만이 있을 뿐이다.

앙굿따라니까야 《원인경》에서 부처님께서 "탐·진·치 있음에서 일어난 업 지음 있음은 금생이나 혹은 내생에서 일어난다. 그러나 탐·진·치 없음에서 일어난 업 지음 없음은 뿌리가 잘려 멸절되었고 미래에 다시는 일어나지 않게끔 되었다."라고 말씀하고 계신다.

지금까지 알고 있는 인과론으로 보면 업의 논리를 탐·진·치 있음에서 일어난 업 지음 있음이나 탐·진·치 없음에서 일어난 업 지음 없음이나 똑같이 업이 익는 그곳에서 그 업의 결과를 경험하고 그것은 금생이나 혹은 내생에서 일어난다고 알고 있었다.

그러나 부처님께서는 "업 지음 있음은 금생에나 혹은 내생에서 일어나지만, 업 지음 없음은 미래에 다시는 일어나지 않는다."라고 하셨다. 어리석은 범부들의 업 지음 있음은 금생이나 내생에서 일어나지만 성인들의 업 지음 없음은 미래에 다시는 일어나지 않는다고 했다. 그런데 왜 성인들의 업지음 없음에 대해서 '지금 다시는 일어나지 않게끔 되었다.'라고 현재완료형 표현법을 쓰지 않고 "미래에 다시는 일어나지 않는다."라고 하셨을까?

그 이유는 지금이라는 시간은 조건에 의지함 없이 독단적으로 상정할 수 있는 시간이 아니기 때문이다. 시간이라는 것은 현재의 인간의 인식 작용을 바탕으로 과거의 기억을 연해서 미래를 추측함으로써 그 개념이 만들어진다. 그래서 이렇게 언어의 인습적인 어법으로 시간이라 칭하는 것이다. 따라서 고정불변하는 지금 여기라는 시간은 존재하지 않는다. 만약 고정불변하는 시간을 상정한다면 이것은 결정론이 되어 버린다.

그러나 어리석은 범부들은 우주에 실재하는 시간이 존재한다고 알고 있다. 부처님께서 말씀하신 시간은 인간의 인식을 통해 만들어진, 단지 언어를 빌린 인습적 표현일 뿐이다.

그래서 부처님께서는 "이런 것들은 세상의 일반적 표현이며, 세상의 언어이며, 세상의 인습적 표현이며, 세상의 개념이다. 여래는 이런 것을 통해서 집착하지 않고 표현할 뿐이다."라고 하셨다.

그러므로 시간에 대해서 바르게 이해한다면 부처님께서 "업지음 없음의 결과는 미래에 다시는 일어나지 않게끔 되었다."라고 천명하신 것은 "바로 지금 일어나지 않게끔 되었다."라고 하는 것과 같은 표현법인 것을 알 수 있다. 초기경 곳곳에서 부처님께서 '업 지음 없음'을 성취한 자들에게 "그는 지금 여기에서 최상의 지혜로 실현하고 구족하여 머문다."라고 말씀하셨다.

《뽓따빠다경》에서 다음과 같이 말씀하셨다.

"그는 오래지 않아 좋은 가문의 아들들이 성취하고자 집에서 나와 출가하는 그 위없는 청정범행의 완성을 지금 여기에서 최상의 지혜로 실현하고 구족하여 머물렀다. '태어남은 다했다. 청정범행은 성취되었다. 할 일을 다해 마쳤다. 다시는 어떤 존재로도 돌아오지 않을 것이다.' 라고 최상의 지혜로 안다."

"지금 여기에서 최상의 지혜를 구족하고 머문다."라고 말씀하신 것 역시 언어를 빌린 인습적 표현일 뿐이지, 지금 여기라는 것이 실재하는 시간이 있기 때문에 말씀하신 것이 아니다.

《원인경》에서 "금생이나 혹은 내생에서 일어난다."라고 말씀하신 또 다른 이유는 연기법을 바르게 통찰하지 못하는 어리석은 범부들을 위하여 설하신 것이다. 어리석은 범부들은 숙명론, 신에 의한 창조론, 우연발생론을 주장한다. 부처님의 가르침에 따르면 지금 일어난 탐·진·치의 업 지음 있음은 과거에 지은 탐·진·치의 업 지음 있음이 업을 일으키는 조건을 만나 지금 여기에서 무르익은 결과로 과보가 나타난다는 것이다. 그렇지만 아직도 무르익지 않은 탐·진·치 있음의 업, 즉 조건을 만나지 못해 아직 일어나지 않은 묵은 업 지음 있음은 남아 있다는 말이다. 이렇게 조건을 만나지 못해 일어나지 못한 업들은 언제든지 조건을 만나면 과보가 나타난다. 그래서 "금생이나 혹은 내생에서 일어난다."라고 하셨다.

《원인경》에서 "미래에 다시는 일어나지 않게끔 되었다."는 가르침을 어리석은 범부들에게 "지금 일어나지 않게끔 되었다."라고 표현하면 어리석은 범부들은 지금 여기에서 업의 완전한 소멸을 주장하는 말이라고 받아들이게 된다. 이 말을 잘못 받아들이고 이해하여 이러한 것들에 대해 "지금 일어나지 않게끔 되었다."라고 하면 외도 수행자들의 '지금 여기에서 해탈 열반을 실현한다.'는 주장과 같은 말이 된다. 그래서 자아 없음을 알지 못하는 어리석은 범부들은 이 말씀을 듣고 더 이상 수행 정진할 의지는 내지 않고 '나는 수행이 끝났다.'라고 하여 해태와 혼침에 빠져들 수 있다.

아직 출세간에 들지 못한 범부 수행자들이 만약 "지금 더 이상 업 지음 없음에 의해 그 결과인 업의 과보가 일어나지 않게끔 되었다."라고 주장한다면 그들은 더 이상 수행할 이유가 없어져 버리고 만다. 이것은 아직 고의 소멸을 증득하지 못한 어리석은 범부, 수행자라면 가장 경계해야 할 견해^{지만—나는 수행이 끝났다}인 것이다.

바른 법을 수행하는 자라면 《범망경》에서 타파하신 62가지의 삿된 견해 중, 현상 단멸론^{5가지 경우로 지금 여기에서 열반을 실현한다고 주장하는 자들}에 빠져들지 않기 위해서라도 내가 지금 여기에 존재한다는 삿된 견해를 끊어 버려야 한다.

그러므로 이러한 가르침은 아직 수행을 완성하지 못한 유학들을 위해 설한 말씀이라고 보아야지, 이미 수행을 이룬 무학들을 위한 말씀은 아닌 것이다. "지금 여기에서 최상의 지혜로 실현하고 구족하여 머문다." 또는 "지금 더 이상 업 지음 없음에 의해 그 결과인 업의 과보가 일어나지 않게끔 되었다."라는 표현은 어리석은 범부들이 주장할 수 있는 것이 아니라 중도연기법을 통찰하고 바른 행을 하는 성자들만이 주장할 수 있는 것이다. 지금 탐·진·치 있음의 업 지음 있음이 끊어졌다^{업 지음 없음}고 한다면 다시는 업의 결과에 따른 과보가 일어나지 않아야 하는 것이다. 그래서 출세간에 든 성인들은 업 지음 없음에서 일어나는 팔정도의 행, 사무량심을 나타내게 된다.

"구담이시여, 어떤 사문 바라문들은 이런 견해를 가지고 이렇게 주장합니다. '만일 어떤 사람이 알고 깨닫고 하는 것이 있으면, 그 일체는 전생에 지은 인(因)이 있기 때문이다. 그러므로 온갖 고행을 닦아 과거의 업을 다 없애고 다시 새로운 업을 짓지 않으면, 모든 인연이 끊어져서 미래세(未來世)에는 온갖 번뇌가 다시는 없게 될 것이다. 온갖 번뇌가 다 없어졌기 때문에 업(業)이 다하고, 업이 다하기 때문에 괴로움도 다 없어질 것이며, 괴로움이 다 없어진 사람은 마침내 괴로움을 완전히 벗어날 것이다.'

이 견해에 대하여 지금 구담께서는 어떻게 말씀하시겠습니까?"

부처님께서 시바에게 말씀하셨다.

"그 사문 바라문들의 말은 실로 모호하여 자세하지도 않고 조리도 없으며, 어리석고 옳지도 않으며 분별력도 없다. 왜냐하면, 혹 어떤 중생은 풍병으로 인해 괴로워하기도 하고, 혹은 담병·가래병으로, 혹은 네 가지 요소가 더하거나 줄어듦에 따라 괴로워하기도 하며, 혹은 스스로 해치기도 하고, 혹은 남이 해치기도 하며, 혹은 절기로 인해 괴로워하기도 하기 때문이다.

스스로 해친다고 한 것은 털을 뽑거나, 혹은 수염을 뽑거나, 혹은 항상 서서 손을 들고 있거나, 혹은 땅에 꿇어앉아 있거나, 혹은 재나 흙 위에 누워 있거나, 혹은 가시덤불 위에 눕거나, 혹은 나무공이(杵)나 널빤지 위에 눕거나, 혹은 쇠똥을 땅에 바르고 그 위에 눕거나, 혹은 물속에 눕거나, 혹은 하루에 세 번씩 목욕을 하거나, 혹은 한 발로 서서 해를 따라 몸을 바꾸는 등 이러한 온갖 괴로운 짓을 열심히 자행(自行)하는 것이다. 시바여, 이것을 스스로 해치는 것이라고 한다.

남이 해친다고 한 것은, 혹 다른 사람이 손에 돌·칼·막대기 따위를 가지고 여러 가지 방법으로 몸에 해를 입히는 것을 남이 해치는 것이라고 말한다.

시바여, 또 절기의 해침이라고 한 것은, 겨울에는 몹시 춥고 봄철에는 매우 덥고 여름에는 추위와 더위가 한꺼번에 닥치는 것 따위를 절기로 인한 해침이라고 말하나니, 이것은 세간의 진실한 것으로서 거짓된 것이 아니다.

시바여, 세간에는 이런 진실한 것이 있어서 풍병으로 해를 입고 …… 절기로 해를 입나니, 저 중생들은 그것들을 사실 그대로 깨달아 느끼는 것이다. 그대에게도 이런 근심이 있으리니, 풍병·담병·가래

병과 …… 절기로 해를 입는 것을 사실 그대로 느끼는 것이다.

시바여, 만일 그 사문 바라문들이 '모든 사람이 알고 느끼는 것은 다 전생에 지은 인(因) 때문이다.'라고 한다면, 그는 이 세상의 진실한 사실을 버리고 제 소견을 따라 거짓말을 하는 것이다.

시바여, 다섯 가지 인(因)과 다섯 가지 연(緣)이 있어 마음에 근심과 괴로움이 생긴다. 어떤 것이 그 다섯인가? 이른바 탐욕의 결박을 인하고 탐욕의 결박을 연하여 마음에 근심과 괴로움이 생기고, 성냄·수면·들뜸·의심의 결박을 인하고 성냄·수면·들뜸·의심의 결박을 연하여 마음에 근심과 괴로움이 생긴다. 시바여, 이것을 일컬어 다섯 가지 인과 다섯 가지 연이 있어 마음에 근심과 괴로움이 생기는 것이라고 말한다.

시바여, 다섯 가지 인과 다섯 가지 연이 있어 마음에 근심과 괴로움이 생기지 않는다. 어떤 것이 그 다섯인가? 탐욕의 결박을 인하고 탐욕의 결박을 연하여 그 마음에 근심과 괴로움이 생기는 사람은 그 탐욕의 결박을 여의면 마음에 근심과 괴로움이 생기지 않는다. …… 의심의 결박을 여의면 마음에 근심과 괴로움이 생기지 않는다.

시바여, 이것을 다섯 가지 인과 다섯 가지 연으로 마음에 근심과 괴로움이 생기지 않는 것이라고 한다. 그래서 현재 세계에서 번뇌를 여의고 때를 기다리지 않더라도 통달하여 나타나는 것을 연하여 스스로 깨달아 알게 되느니라.

시바여, 다시 현재에서 번뇌를 여의고 때를 기다리지 않고 [법]을 통달하여 나타나는 것을 연하여 스스로 깨달아 아는 법이 있으니, 이른바 팔정도(八正道)로써 바른 견해(正見)·바른 사고(正思惟)·바른 말(正言)·바른 행위(正業)·바른 생계(正命)·바른 정진(正精進)·바른 마음챙김(正念)·바른 선정(正定)이 그것이다."

이렇게 법을 설하시자, 시바 출가 외도는 티끌과 때를 멀리 여의어 법안(法眼)이 깨끗하게 되었다. 그때 시바 출가 외도는 법을 보고 법을 얻었으며, 법을 알고 법에 들어갔다. 온갖 의심을 여의고 남을 의지하지 않고 바른 법과 계율에 들어가 두려움이 없게 되었다.

잡아함경 제35권 《977. 시바경》

위의 《시바경》에서 "만일 어떤 사람이 알고 깨닫고 하는 것이 있으면, 그 일체는 전생에 지은 인(因)이 있기 때문이다. 그러므로 온갖 고행을 닦아 과거의 업을 다 없애고 다시 새로운 업을 짓지 않으면, 모든 인연이 끊어져서 미래세(未來世)에는 온갖 번뇌가 다시는 없게 될 것이다. 온갖 번뇌가 다 없어졌기 때문에 업이 다하고, 업이 다하기 때문에 괴로움도 다 없어질 것이며, 괴로움이 다 없어진 사람은 마침내 괴로움을 완전히 벗어날 것이다."라는 구절을 살펴보면, 부처님 재세 시에 바라문과 육사외도들의 업의 논리는 지금의 대승불교나 남방불교의 어리석은 수행자들이 끊임없이 주장하고 있는 내용과 동일하다는 것을 알 수 있다.

왜냐하면 어리석은 이들의 주장은 '전생의 삶을 전제로 익혀 왔던 지식이나 습성이 유전하여 그 업의 무르익음을 바탕으로 금생의 몸을 받았기 때문에 금생의 업을 소멸시키려면 전생의 업을 다 소멸시켜야만 한다. 그래야만 지금의 괴로움의 번뇌와 미래세의 온갖 괴로움의 번뇌들이 나타나지 않게 된다.'는 것이다. 이러한 것이 해탈 열반이라고 그들은 주장하고 있다.

이에 대해 부처님께서는 "그 사문 바라문들의 말은 실로 모호하여 자세하지도 않고 조리도 없으며, 어리석고 옳지도 않으며 분별력도 없다."라고 하시면서 업·전생의 논리로 주장하는 삿된 견해를 가진 자들을 질책하고 계신다. 이는 부처님의 법을 세밀하게 알지 못하고 무상·고·무아의 삼법인에 대해 단순하고 막연한 견해를 가지고 현실을 파악하고 있기 때문에 이러한 삿된 견해에 빠지게 되는 것이다.

부처님이 설하신 삼법인^{무상·고·무아}은 단순히 아무것도 없다는 가르침이 아니다. 삿된 견해를 가지고 자아 취착을 일으킨 인식이 허망하다는 것이지 자연의 모든 일어나는 현상들이 허망하다는 말씀이 아닌 것이다. 이러한 견해를 이해하지 못하므로 결국 무상·고·무아를 말하면 모두 상견이나 단견에 빠져 버리게 된다. '내가 없다면 절대의 창조주라도 존재하겠지.'라거나 '나도 허망하고 모든 것이 허망하다면 이렇게 몸을 가지고 인식하는 나라는 것은 무엇인가?'라고 항변하게 되는 것이다. 그래서 부처님께서 "내가 얻은 법은 매우 깊고 미묘하다. 내가 만약 저 중생들을 위해 설명하더라도 그들은 그것을 알아듣지 못할 뿐 아니라 도리어 두려움을 느낄 것이다."라고 말씀하신 것이다.

부처님께서는 "현실에서 느끼는 괴로움들은 세간의 진실한 것으로 거짓된 것이 아니다."라고 말씀하고 계신다. 그래서 "현실을 바탕으로 현재 세계오온에 취착한 자아의 세계에서 번뇌삼독심를 여의고 때를 기다리지 않고 여기서 바르게 깨달음을 나타내 보이고 스스로 깨달아 알라."고 설하신 것이다.

이렇게 바르게 아는 법을 통해 《대반열반경》에서 부처님께서는 다음과 같이 유언하고 계신다.

"그대들은 자신을 섬으로 삼고(自燈明) 자신을 귀의처로 삼아(自歸依) 머물고, 남을 귀의처로 삼아 머물지 마라. 법을 섬으로 삼고(法燈明) 법을 귀의처로 삼아(法歸依) 머물고, 다른 것을 귀의처로 삼아 머물지 마라."

이것이 바로 '자등명 · 법등명'의 참된 의미이다.

5. 여래(如來)란 무엇인가

일반적으로 석가모니 부처님을 여래라 칭하고 있다. 부처님 재세시 인도에서는 깨달은 사람을 칭하는 보편적인 명칭을 여래라고 했다. 그렇다면 '석가모니 부처님 말고도 여래라 칭할 수 있는 분들이 또 있는가?'라는 의문이 생길 것이다.

물론 많이 있다. 왜냐하면 여래라는 것은 깨달음을 이룬 분들을 일컫는 명칭이기 때문이다. 부처님 당시에 정법을 수행하여 깨달음을 이룬 아라한들을 다 여래로 칭하였다.

그러나 불교 교단에서는 여래라는 명칭을 부처님에게만 사용하고 있다. 이는 부처님의 가르침을 통해 깨달음을 이룬 제자인 아라한들과 승가 비구들이 스승에 대한 존경의 표현으로 석가모니 부처님께만 여래·응공·등정각이라는 여래 십호의 칭호를 붙이기로 하였기 때문이다. 그래서 불교 교단에서는 부처님 한 분에게만 여래라는 칭호를 붙이게 된 것이다.

그때 세존께서 모든 비구들에게 말씀하셨다.
"오취온이 있으니, 어떤 것이 다섯 가지인가? 이른바 색취온 등이니

라. 비구들아, 색을 싫어하고, 탐욕을 떠나며, 소멸시키고, 일으키지 않고, 해탈하면 이런 이를 여래(如來)·응공(應供)·등정각(等正覺)이라 하느니라. 이와 같이 수·상·행·식을 싫어하고, 탐욕을 떠나며, 소멸시키고, 일으키지 않고, 해탈하면 이런 이를 여래·응공·등정각이라 하느니라. 비구 또한 색을 싫어하고, 탐욕을 떠나며, 소멸시키면 이런 이를 지혜로 해탈한 아라한이라 하며, 이와 같이 수·상·행·식을 싫어하고, 탐욕을 떠나며, 소멸시키면 이런 이를 지혜로 해탈한 아라한이라 하느니라. 비구들아, 여래·응공·등정각과 지혜로 해탈한 아라한은 어떤 차이가 있는가?"

비구들이 부처님께 아뢰었다.

"여래께서는 법의 근본이요, 법의 눈이며, 법의 의지처이십니다. 원하옵건대 세존께서는 모든 비구들을 위하여 그 뜻을 자세히 설명해 주소서. 모든 비구들은 그것을 듣고 마땅히 받들어 행할 것입니다."

부처님께서 비구들에게 말씀하셨다.

"자세히 듣고 잘 사유하라. 너희를 위해 설명하리라. 여래·응공·등정각은 일찍이 법을 듣지 못하고도 능히 스스로 법을 깨달아 위없는 보리를 통달하고, 미래 세상에서 성문들을 깨우쳐 설법하나니, 그 법은 이른바 사념처(四念處)·사정근(四正勤)·사여의족(四如意足)·오근(五根)·오력(五力)·칠각지(七覺支)·팔정도(八正道)이다.

비구들아, 이런 이를 여래·응공·등정각이라 하나니, 그는 다른 이가 얻지 못한 것을 얻고, 다른 이가 이롭게 하지 못하는 것을 이롭게 하며, 도를 알고 도를 분별하며, 도를 설명하고 도를 통달하며, 다시 능히 모든 성문들을 성취하여 가르치고 훈계하느니라. 아라한은 이러한 말씀에 바르게 순종하고 그 훌륭한 법을 기뻐하고 즐거워하나니, 이것이 여래와 아라한(阿羅漢)의 차이니라."

잡아함경 제3권 《75. 관경(觀經)》

"색을 싫어하고, 탐욕을 떠나며, 소멸시키고, 일으키지 않고, 해탈하면 이런 이를 여래(如來)·응공(應供)·등정각(等正覺)이라 하느니라." 하였듯이 정법을 통하여 오취온에 대해 바르게 통찰해서 탐욕과 성냄과 어리석음을 소멸시키고, 일으키지 않는 것을 '해탈에 이르렀다.' 하는 것이다. 이런 이를 일러 '여래'라 한다.

"일찍이 법을 듣지 못하고도 능히 스스로 법을 깨달아 위없는 보리를 통달하고"라고 하셨는데 이 말은 누구도 석가모니 부처님 이전에 연기법에 대해서 알고 설한 자가 없었다고 확언하신 것이다.

"미래 세상에서 성문들을 깨우쳐 설법하나니"는 석가모니 부처님께서 사후에도 불국토에 존재하면서 미래세의 제자들을 가르치겠다는 것이 아니라, 정각을 이룬 석가모니가 중생 제도를 시작한 이후 부처님 재세 시의 지금 여기에서 법을 배우러 오는 자들을 위해 설하신다는 말씀이다. 성문승이란 부처님 법인 중도연기법의 가르침을 듣고 사고하고 수행하는 자들을 일컫는다. 따라서 《관경》에서 표현한 '미래 세상'을 있지도 않은 미래세가 있다고 이해하면 안 된다.

만약에 사후의 미래세가 있다면 석가모니가 《대반열반경》에서 제자들에게 '자등명·법등명'하라는 말씀도 하지 않으셨을 것이다. 석가모니 부처님을 사후의 미래세에 존재한다고 상정하게 되면 '영생불사하는 절대 존재가 없다.'라는 부처님의 가르침에도 불구하고, 부처님이 영생불사하는 절대 존재가 될 수밖에 없는 모순에 빠지게 된다.

이러한 절대 존재가 무엇 때문에 《대반열반경》에서 "아난다여, 이제 나는 늙어서 나이 들고 노후하고, 긴 세월을 보냈고, 노쇠하여 내 나이가 여든이 되었다. 아난다여, 마치 낡은 수레가 가죽 끈에 묶여서 겨우 움직이는 것처럼 여래의 몸도 가죽끈에 묶여서 겨우 살아간다고 여겨진다."라고 설하였겠는가?

6.1 그때 세존께서 아난다 존자를 불러서 말씀하셨다.
"아난다여, 그런데 아마 그대들에게 '스승의 가르침은 이제 끝나 버렸다. 이제 스승은 계시지 않는다.'라는 이런 생각이 들지도 모른다. 아난다여, 그러나 그렇게 봐서는 안 된다. 아난다여, 내가 가고 난 후에는 내가 그대들에게 가르치고 천명한 법과 율이 그대들의 스승이 될 것이다." ……

6.7 그리고 나서 세존께서 비구들을 불러서 말씀하셨다.

"비구들이여, 참으로 이제 그대들에게 당부하노니, 형성된 것들은 소멸하기 마련인 법이다. 방일하지 말고 해야 할 바를 모두 성취하라. 이것이 여래의 마지막 유언이다."

디가니까야 제2권 《대반열반경》 283쪽

이 말씀은 미래세가 없으니 스스로가 법과 율에 의지하여 수행 정진하라는 의미로 받아들여야 한다. 석가모니 부처님이 육신이 소멸한 후에 따로 불국정토가 있어서 그곳에 머물러 계시면서 그 위신력으로 어리석은 범부들을 제도할 수 있다면 《대반열반경》에서 부처님이 '이것이 여래의 마지막 유언이다'라고 하실 수 있었겠는가. 이것으로 볼 때 후대에 말하는 법신·보신·화신이라는 개념도 왜곡된 것임을 알 수 있다.

부처님의 마지막 유훈인 《대반열반경》에서 이렇게 말씀하셨는데도, '불국토가 실재하거나 미래세에 여래가 존재한다'라고 논한다면 이것이야말로 부처님의 가르침을 철저히 비방하는 일이 될 것이다.

연기의 발생과 소멸

 제2장
연기의 발생과 소멸

1. 연기법

 연기법은 부처님께서 정각을 이룬 후 현상의 법칙을 분별하여 정리하고 밝혀내신 법이다. 부처님께서 출가하게 된 이유는 인간 근원의 고통인 생노병사에서 벗어나는 길을 찾기 위함이었다. 이러한 사실을 바탕으로 부처님께서 출가하게 된 동기와 정각을 이루게 된 원인을 찾아야 연기법의 흐름을 꿰뚫어 볼 수 있다.

 부처님께서 꾸루의 깜마사담마에 계실 때, 한 비구가 부처님께 여쭈었다.
 "세존이시여, 연기법은 세존께서 만드신 것입니까? 그렇지 않으면 다른 어떤 이가 만든 것입니까?"

부처님께서 말씀하셨다.

"연기법은 내가 만든 것이 아니다. 그렇다고 다른 어떤 절대자가 있어서 만든 것도 아니다. 연기법은 붓다인 내가 이 세상에 출현하거나 출현하지 않거나 법계에 항상 있는 것이다. 나는 다만 이 법을 스스로 깨달았고 보편타당한 깨달음을 이루어서 모든 중생들을 위하여 분별해 연설하고 드러내 보이는 것뿐이다. 연기법이란 이른바 '이것이 있기 때문에 저것이 있고, 이것이 일어나기 때문에 저것이 일어난다.'는 것이다."

잡아함경 제12권 《299. 연기법경(緣起法經)》

그런데 일부 논사들은 《연기법경》 중 "연기법은 붓다인 내가 이 세상에 출현하거나 출현하지 않거나 법계에 항상 있는 것이다."라는 구절을 인용하여 석가모니 부처님이 정각을 이루기 전에도 연기법이 있었다고 주장한다. 그들은 또 다른 것으로 디가니까야 《대전기경》을 증거 삼고 있다. 《대전기경》은 과거칠불의 일대기에 관한 내용인데, 이러한 경전을 증거 삼아 연기법을 상견론으로 몰아가는 것은 참으로 한심한 발상이 아닐 수 없다. 연기법이 현상에 항상 있었고, 과거칠불 또한 존재했었다면 그로 말미암아 연기법은 석가모니 재세 시에도 전승되었을 것이고 석가모니 부처님도 그 연기법을 쉽게 배워 그것으로

연기의 발생과 소멸

깨달음을 이룰 수 있었을 것이었다. 그런데도 왜 그처럼 깨달음을 위하여 육 년 동안 죽을 고생을 하여 스스로 연기법을 밝혔겠는가.

연기법은 앞에서도 논했듯이 석가모니 부처님이 처음으로 현상의 법칙을 분별하여 정리하고 밝혀낸 법이다. 부처님께서 연기의 현상의 법칙을 분별하여 밝혀내지 못했다면 지금까지도 연기법의 가르침은 생겨나지도 않았을지 모른다.

그런데 일반적으로 연기법에 대한 오해 중 하나는 연기법이 자연현상의 법칙을 밝혀낸 것으로 알고 있는 것이다. 이는 부처님이 말씀하신 '세계'에 대한 잘못된 견해에서 비롯된 결과이다.

3. "비구들이여, 이렇게 말하자 나는 …… 로히땃사에게 이렇게 말하였다. '도반이여, 참으로 태어남도 없고 늙음도 없고 죽음도 없고 떨어짐도 없고 생겨남도 없는 그런 세상의 끝을 발로 걸어가서 알고 보고 도달할 수 있다고 나는 말하지 않는다. 도반이여, 그러나 나는 세상의 끝에 도달하지 않고서는 괴로움을 끝낸다고 말하지도 않는다. 도반이여, 나는 인식과 마음을 더불은 이 한 길 몸뚱이 안에서 세상과 세상의 일어남과 세상의 소멸과 세상의 소멸로 인도하는 도 닦음을 천명하노라.' …… "

4. "걸어서는 결코 세상의 끝에 도달하지 못하지만
세상의 끝에 도달하지 않고서는

괴로움에서 벗어남도 없다네.
그러므로 세상을 알고, 슬기롭고,
세상의 끝에 도달했고, 청정범행을 완성했고
모든 악을 가라앉힌 자는 이 세상의 끝을 알아
이 세상도 저 세상도 바라지 않네."

앙굿따라니까야 제2권 《로히땃사경 2》 154쪽

부처님께서 말씀하신 '세계'란 한 길 몸뚱이 안에서 발생하고 소멸하는 현상을 표현한 것일 뿐이다. 그러므로 연기법이 과거에서부터 있었으며 석가모니 부처님이 밝히지 않았더라도 존재했었다고 주장하는 것은 연기법에 대해 바르게 이해하지 못한 결과이다.

연기법은 과거를 돌아보고 추론하는 법칙이 아니라 현재 사고하는 인간이 '자아'라는 인식을 가지고 스스로 자신 안에서 일어나는 고의 현상을 살피는 법이다. 그래서 연기법은 '괴로움과 괴로움의 일어남과 괴로움의 소멸과 괴로움의 소멸로 인도하는 도 닦음'을 밝게 아는 것이라고 부처님께서 밝히신 것이다.

"비구들이여, 어떤 사람이 탐욕에 들떠 있고, 탐욕에 사로잡혀 있으며, 탐욕에 홀려 있다가 그 탐욕이 장애물이 되어 실의에 빠지게 되고 고통을 당한다는 것을 알아차리게 되면 그는 탐욕을 버리게 되므로 더 이상 탐욕으로 인하여 고통을 당하려 하지 않을 것이다. 그래서 법은 현실의 삶에서 사실로 경험되는 것이라 말하는 것이다.

증오심을 품고 있거나 삿된 소견에 매달리다가 그것이 자기를 방해하고 고통을 주고 있다는 것을 알아차리면 증오심을 품지 않게 되고 삿된 소견에 더 이상 매달리지 않게 되어 고통을 당하지 않게 될 것이다.

바라문이여, 이것이 바로 법은 붓다에 의해 잘 설해졌다는 것이며, 법은 현실에서 사실로 경험된다는 것이며, 법은 어느 시대에나 적용될 수 있는 것이며, 법은 누구라도 와서 보라고 말할 수 있는 것이며, 열반으로 잘 인도하는 것이며, 지혜에 의해 스스로 경험될 수 있는 것이라고 말할 수 있다."

잡아함경 제46권 《1238. 불방일경》

부처님께서는 탐·진·치에 빠져 고통을 받는 것을 단순히 개념을 빌려 '고통에 빠졌다'고 표현하신 것이 아니다. '고통'이라는 것은 현실의 삶에서 사실로 경험되어지는 것을 말한다. 이렇게 경험된 것을 바탕으로 부처님께서 어리석은 범부들에게 괴로움에서 벗어나라고 가르친 것이 중도연기법이다.

그래서 부처님의 법은 희론이 아니고, 현실에서 나타나고 체득해서 얻을 수 있는 법이다. 바로 그 법으로 인해 증득되는 것이 해탈 열반이며 깨달음이다.

2. 현상과 현실

'현상'과 '현실'이란 무엇을 말하는가?

'현상'이라는 것은 인간이 인식을 통하여 헤아리고 분별하여 언설로 나타내 보이는 개념을 말하는 것이고, '현실'이라는 것은 인간이 인식을 통하여 헤아리고 분별한 것을 바탕으로 경험할 수 있는 영역을 말하는 것이다. 따라서 현상은 개념의 영역에 속하고 현실은 경험의 영역에 속한다고 할 수 있다.

현상과 현실이라는 것을 개념 지어 나눈다 해도 둘의 관계는 따로따로 성립되는 것이 아니다. 현실이 없이는 현상은 성립 될 수 없고 현상이 없이는 현실을 인식할 수 없기 때문이다.

이것을 상호 의존적 원리인 연기라 한다.

연기법은 현상과 현실이라는 영역을 바탕으로 나타내 보이는 법칙인 것이다.

부처님께서 기원정사에 계실 때, 왓차곳따가 여쭈었다.

"고따마시여, 이른바 일체법(一切法)이란 무엇을 말합니까?"

부처님께서 왓차곳따에게 말씀하셨다.

"눈(眼)으로 사물의 형체(色)를 대하게 되면 사물의 형체를 분별하는 안식(眼識)이 생긴다.

귀(耳)로 소리(聲)를 듣게 되면 그 소리를 분별하는 이식(耳識)이 생기고, 코(鼻)로 냄새(香)를 맡게 되면 그 냄새를 분별하는 비식(鼻識)이 생긴다.

혀(舌)가 맛(味)을 대하게 되면 그 맛을 분별하는 설식(舌識)이 생기며, 피부(身)가 촉(觸)을 대하게 되면 그 촉감을 분별하는 신식(身識)이 생긴다.

뜻(意)이 무엇인가를 생각하면(法) 그것들을 분별하는 의식(意識)이 생긴다. 이처럼 우리의 내적 감각기관이 외적 대상(六境)을 만날 때 여섯 가지 분별(六識)이 생기는데(十八界), 이때에 좋다(樂)·나쁘다(苦)·좋지도 않고 나쁘지도 않다(不苦不樂)는 감각이 일어나게 된다. 이런 감각들을 일체법(一切法)이라고 말한다.

만약 어떤 사람이 내가 말하는 일체법을 부정하고 어떤 다른 방식으로 일체법을 말하고 있다면 그것은 단지 언설일 뿐이요, 그것에 대해서 물어도 알지 못하기 때문에 의혹만 더욱 증폭시킬 뿐이다. 왜냐하면 그것은 우리가 현실적으로 경험할 수 있는 영역이 아니기 때문이다."

잡아함경 제13권 《321. 일체법경(一切法經)》

사람들은 부처님께서 말씀하신 일체라는 표현을 우주 전체라는 것으로 잘못 이해하고 받아들이고 있다. 그 때문에 정작 자기 자신의 삶에서 일어나는 괴로움^{고(苦)}의 문제는 해결하려고 하지 않고 부처님의 가르침을 우주의 근원을 알아야 한다든지 아니면 우주와 합일해야 한다는 등의 견해로 잘못 가져가게 되었다.

육근과 육경과 육식이 만나 삼사화합의 접촉을 조건으로 하여 일어나는 인식을 '현상'이라고 한다. 이러한 삼사화합의 접촉을 조건으로 하여 '좋다·나쁘다·좋지도 나쁘지도 않다'는 느낌에 취착함으로써 삶을 인식하며 고통받게 되는 것을 '현실'이라고 한다. 그래서 현상과 현실 모두를 '인식'이라고 하는 것이다.

부처님께서 말씀하신 '일체'라는 것은 우리가 현실에서 경험할 수 있는 모든 것을 표현한 것이고, 그 외의 추론^{십사무기}에 대한 부분은 현실에서 경험할 수 없는 부분들이라고 가르치셨다.

십사무기(十事無記)^{※12연기의 흐름에서 삼세양중인과를 이해하는 방법 참조}라는 것은 어리석은 범부들이 바른 스승을 만나지 못하고 바른 법을 배우지 못해 일으키는 열 가지 삿된 견해를 말한다.

외도 수행자들의 삿된 견해를 바탕으로 한 물음인 십사무기란 다음과 같다.

① 세상은 영원한가?
② 세상은 영원하지 않은가?

③ 세상의 끝은 있는가?

④ 세상의 끝은 없는가?

⑤ 생명과 몸은 같은 것인가?

⑥ 생명과 몸은 다른 것인가?

⑦ 여래는 죽은 뒤에도 존재하는가?

⑧ 여래는 죽은 뒤에는 존재하지 않는가?

⑨ 여래는 죽은 뒤에 존재하기도 하고 존재하지 않기도 하는가?

⑩ 여래는 죽은 뒤에 존재하는 것도 아니요, 존재하지 않는 것도 아닌가?

외도 수행자들이 풀지 못한 열 가지 견해를 부처님께 여쭈어 보았지만 부처님께서는 그러한 질문들은 삿된 것일 뿐 바른 수행자로서는 답변할 일고의 가치도 없는 것임을 밝히셨다.

2. "비구여, 견해가 소멸하였기 때문에 여래가 설명하지 않은 경(十事無記)에 대해서 잘 배운 성스러운 제자에게는 의심이 일어나지 않는다. 비구여, '여래는 사후에도 존재한다.'라는 것은 단지 견해일 뿐이다." ……

3. "비구여, 이와 같이 알고 이와 같이 보는 잘 배운 성스러운 제자는 여래가 설명하지 않은 것들에 대해서 설명하지 않게 된다. 이와 같이 알고 이와 같이 보는 잘 배운 성스러운 제자는 설명하지 않은 것들

에 대해서 흔들리지 않고 동요하지 않고 떨지 않고 전율에 빠지지 않는다." ……

4. "비구여, '여래는 사후에도 존재한다.'는 것은 갈애에서 나온 것이고, 이것은 인식에서 나온 것이고, 이것은 생각에서 나온 것이고, 이것은 사량분별에서 나온 것이고, 이것은 취착에서 나온 것이고, 이것은 나중에 후회할 일이다." ……

5. "비구여, 이와 같이 알고 이와 같이 보는 잘 배운 성스러운 제자는 여래가 설명하지 않은 것들에 대해서 설명하지 않게 된다. 이와 같이 알고 이와 같이 보는 잘 배운 성스러운 제자는 설명하지 않은 것들(十事無記)에 대해서 두려워하지 않고 동요하지 않고 떨지 않고 전율에 빠지지 않는다. 비구여, 이러한 원인과 이러한 조건 때문에 여래가 설명하지 않은 것에 대해서 잘 배운 성스러운 제자에게는 의심이 일어나지 않는다."

앙굿따라니까야 제4권 《설명하지 않음경》 439쪽

어리석고 무식한 범부들은 이러한 삿된 견해에서 일어난 십사무기에 대해 "부처님께서 범부들은 이해할 수 없는 심오한 경지가 있기 때문에 밝히지 않으셨다."라고 주장한다. 그러나 부처님께서 가르쳐 주신 중도연기법에 대해 바르게 통찰하는 수행자라면 결코 심오한 경지 운운하는 등의 어리석은 견해를 주장할 수 없다.

이러한 삿된 견해들을 부처님이 가르쳐 주신 중도연기법으로 통쾌하게 논파하지 못한다면 어찌 그런 수행자를 부처님의 법을 바르게 수행하는 자라고 할 수 있겠는가.

3. 순환(유전)연기와 환멸연기

'순환(유전)연기'란 연기의 발생 과정을 설명한 것이고, '환멸연기' 란 연기의 소멸 과정을 설한 것이다.

순환연기를 파악할 때는 자아 취착을 조건으로 하여 일어난 생노사에서 시작하여 무명까지 순서대로 연기의 각지(各支)를 파악한다. 이렇게 순서대로 연기의 각지를 파악한 것이 전제되어 12연기가 성립이 된다. 그래서 "무명을 조건으로 하여 행이 있게 되고 ……(내지)…… 생을 조건으로 하여 노사가 일어난다."라고 파악하는 것을 순환연기라 한다. 반면 환멸연기는 "무명이 소멸하므로 행이 소멸하고 ……(내지)…… 생이 소멸하므로 노사가 소멸한다."라는 순서대로 연기의 각지가 소멸된다고 파악하는 것을 말한다.

그래서 순환연기는 노사에서부터 순서대로 무명까지 파악하든지, 무명에서부터 노사까지 순서대로 파악하든지 아니면 촉에서 노사까지, 촉에서 무명까지의 네 가지 방법으로 파악할 수 있다. 환멸연기 역시 순환연기와 마찬가지로 네 가지의 방법으로 연기를 파악할 수 있다.

연기의 각지는 따로따로 성립되어 존재하는 것이 아니라, 12가지의 각지가 모두 조건으로 하여 각각의 각지가 일어나는 것이다. 그러나 범부들은 이렇게 보지 못한다. 하지만 현자들은 하나의 각지가 소멸하면 나머지 각각의 각지가 순차적으로 소멸하는 것이 아니고 12가지의 각지가 한꺼번에 소멸한다고 파악하고 있다.

그래서 부처님께서는 "이 연기는 심오하다. 그리고 참으로 심오하게 드러난다. 아난다여, 이 법을 깨닫지 못하고 꿰뚫지 못하기 때문에 이 사람들은 실에 꿰인 구슬처럼 얽히게 되고 베 짜는 사람의 실타래처럼 헝클어지고 문자풀처럼 엉키어서 처참한 곳, 파멸처, 윤회를 벗어나지 못한다."라고 하셨다.

일반적으로 순환(유전)연기는 "무명을 조건으로 행이 일어나고, ……(내지)…… 생을 조건으로 하여 노사가 일어난다."라고 알고 있다. 어떤 이들은 '무명에 대해 시작을 알 수 없는 과거 전생의 업들의 쌓임'이라고들 말하고 있다.

이러한 식으로 연기의 발생을 이해하는 이상, 어리석은 범부는 절대로 연기법을 볼 수 없게 된다. 시작을 알 수 없는 무명이라는 것을 먼저 상정하고, 연기의 발생 과정을 헤아리기 때문이다.

연기의 발생은 노사에서부터 풀어 가야 알 수 없는 무명이라는 덫에 걸려들지 않을 수 있다. 연기의 발생 순서를 단순히 무명에서 노사로 혹은 노사에서 무명으로 시작하여 이해한다고 해서 순환(유전)연기를 이해했다고는 볼 수 없다. 왜냐하면 순환(유전)연기라 하는 것은 도표에서 나타내듯이 연기의 모든 현상을 꿰뚫어 볼 수 있는 안목을 갖추어야 비로소 이해했다고 할 수 있기 때문이다.

    그때 세존께서 모든 비구들에게 말씀하셨다.
    "만일 사문 바라문이 고에 대해 사실 그대로 알지 못하고, 고의 발생·고의 소멸·고의 소멸에 이르는 도 닦음에 대해 사실 그대로 알지 못한다면, 마땅히 알아야 한다. 이런 사문 바라문은 사문이지만 사문의 수(數)참된 수행을 하는 사문에 들어가지 않고, 바라문이지만 바라문의 수에 들어가지 않는다. 또한 그것은 사문의 도리가 아니요, 바라문의 도리도 아니다. 즉 현세에서 스스로 알고 스스로 증득하여 '나의 생은 이미 다하였고 범행은 이미 섰으며, 할 일을 이미 다 마쳐 후세에는 몸을 받지 않는다.'라고 스스로 아는 것이 아니니라.
    어떤 것을 고에 대해 사실 그대로 알지 못하고 어떤 것을 고의 발생·고의 소멸·고의 소멸에 이르는 도 닦음에 대해 사실 그대로 알지 못한다는 것인가? 육입처(六入處)라는 법에 대해 사실 그대로 알지 못하고, 육입처의 발생·육입처의 소멸·육입처의 소멸에 이르는 도 닦음에 대해 사실 그대로 알지 못하는 것을 이르는 말이다. 그러고도 접촉(觸)을 사실 그대로 안다는 것은 있을 수 없는 일이며, 촉의 발생·촉의 소멸·촉의 소멸에 이르는 도 닦음에 대해 사실 그대로 안다는 것은 있을 수 없는 일이니라. 이와 같이 느낌·애욕·취함·존재·태어남·늙음·죽음에 대해 사실 그대로 안다는 것도 있을 수 없는 일이니라.

만일 사문 바라문이 육입처에 대해 사실 그대로 알고, 육입처의 발생 · 육입처의 소멸 · 육입처의 소멸에 이르는 도 닦음에 대해 사실 그대로 안다면, 그가 접촉을 사실 그대로 안다는 것은 있을 수 있는 이치이다. 이와 같이 느낌 · 애욕 · 취함 · 존재 · 태어남 · 늙음 · 죽음에 대해서 사실 그대로 안다는 것도 있을 수 있는 이치니라."

잡아함경 제14권 《353. 사문바라문경②》

연기의 모든 현상을 꿰뚫어 보는 방법은 다음 네 가지 방법이 있다.
① 처음부터 끝까지(무명에서 노사까지)
② 중간부터 끝까지(촉에서 노사까지)
③ 끝부터 처음까지(노사에서 무명까지)
④ 중간부터 처음까지(촉에서 무명까지)

이렇게 어느 곳에서든지 연기의 현상을 꿰뚫어 볼 수 있기란 통찰이 부족한 범부에게는 힘든 일이다. 하지만 꾸준히 공부하고 사고한다면 그리 어려운 것만은 아니다.

순환^{유전}연기는 사성제법 중, '괴로움의 진리와 괴로움의 일어남의 진리'에 해당한다고 할 수 있다.

환멸연기 또한 단순히 "무명이 소멸하므로 행이 소멸하고 ……(내지)…… 생이 소멸하므로 노사가 소멸한다."라고 이해한다고 해서 환멸연기가 발생하지는 않기 때문이다. 팔정도의 행으로 나타내 보여야만 환멸연기라 할 수 있게 되는 것이다.

따라서 환멸연기는 사성제법 중, 괴로움의 소멸의 진리와 괴로움의 소멸로 인도하는 도 닦음의 진리에 해당한다고 할 수 있다.

그러므로 사성제법을 바르게 통찰하지 못하면 순환^{유전}연기나 환멸연기의 가르침은 이해할 수 없게 되는 것이다.

그때 세존께서 비구들에게 말씀하셨다.

"증가하는 법과 감소하는 법이 있다. 자세히 듣고 잘 사유하라. 너희를 위해 설명하리라. 어떤 것이 증가하는 법인가? '이것이 있기 때문에 저것이 있고, 이것이 일어나기 때문에 저것이 일어난다.'고 하는 것을 말한다. 이른바 무명을 인연하여 행이 있고, 행을 인연하여 식이 있으며 ……(내지)…… 순전한 괴로움뿐인 큰 무더기가 발생하나니, 이것을 증가하는 법이라고 하느니라.

어떤 것이 감소하는 법인가? '이것이 없기 때문에 저것이 없고, 이것이 소멸하기 때문에 저것이 소멸한다.'고 하는 것을 말한다. 이른바 무명이 소멸하면 행이 소멸하고 ……(내지)…… 순전한 괴로움뿐인 큰 무더기가 소멸하나니, 이것을 소멸하는 법이라고 하느니라."

부처님께서 이 경을 말씀하시자, 모든 비구들은 부처님의 말씀을 듣고 기뻐하며 받들어 행하였다.

잡아함경 제14권 《358. 무명증경②》

"어떤 것이 증가하는 법인가?"라는 것은 순환유전연기에 대한 가르침이고, "어떤 것이 감소하는 법인가?"는 환멸연기에 대한 가르침이다. 이렇게 순환유전연기와 환멸연기를 통찰할 때 비로소 바르게 수행 정진할 수 있게 된다.

그때 세존께서 모든 비구들에게 말씀하셨다.

"내가 이제 세간과 세간의 발생·세간의 소멸·세간의 소멸에 이르는 도 닦음을 설명하리니, 자세히 듣고 잘 사고하라.

어떤 것을 세간이라고 하는가? 육내입처(六內入處)를 일컫는 말이다. 어떤 것이 그 여섯 가지인가? 눈이라는 내입처(眼內入處)와 귀(耳)…… 뜻이라는 내입처(意內入處)니라.

어떤 것이 세간의 발생인가? 미래의 존재를 받게 하는 애욕을 탐(貪)하고 기뻐하여 이것저것을 즐거워하고 집착하는 것을 말한다.

어떤 것이 세간의 소멸인가? 미래의 존재를 받게 하는 애욕을 탐(貪)하고 기뻐하여 이것저것을 즐거워하고 집착하던 것이 남김없이 끊어지고, 이미 버리고 이미 토해 내고 이미 다하여, 탐욕을 떠나 소멸하고 그치며 마치는 것이니라.

어떤 것이 세간의 소멸에 이르는 도 닦음인가? 팔정도(八正道)를 일컫는 것이니, 바른 견해·바른 사고·바른 말·바른 행위·바른 생계·바른 정진·바른 마음챙김·바른 선정이니라."

부처님께서 이 경을 말씀하시자, 여러 비구들은 부처님의 말씀을 듣고 기뻐하며 받들어 행하였다.

잡아함경 제9권 《933. 세간경(世間經)》

연기법이라는 것은 상호 의존적으로 일어나는 것을 뜻한다고 했다. 그래서 육내입처를 일컬을 때는 명색을 조건으로 하여 육내입처가 일어나고 육내입처를 조건으로 하여 촉이 일어난다. 이렇게 어떠한 조건에 의해서 일어나는 법을 바르게 이해하려면 먼저 그 조건을 일어나게 하는 전후의 관계성을 파악해야만 한다.

그래서 세간이라고 하는 육내입처를 표현할 때는 명색과 촉을 연해서 상정할 수밖에는 없다. 그래서 촉을 말할 때는 '삼사화합 된 촉_{육근＋육경＋육식}'이라고 이렇게 정형화된 문구로 표현한다.

이렇게 연기법을 파악할 수 있다면 반드시 괴로움을 소멸시킬 수 있고, 그렇기 때문에 바른 팔정도의 행을 나타내 보일 수 있게 된다. 그래서 부처님의 중도연기법은 팔정도의 바른 행으로 나타난다고 하셨다.

그때 세존께서 모든 비구들에게 말씀하셨다.

"나는 '세간 끝까지 걸어서 도달한 사람이 있다'고 말하지 않는다. 나는 또 '세간 끝까지 걸어서 도달하지 않고도 괴로움을 완전히 벗어난 사람이 있다.'고도 말하지 않느니라." ……

이때 많은 비구들은 존자 아난이 있는 곳으로 가서 서로 문안을 한 뒤에 한쪽에 앉아, 위의 일을 낱낱이 아뢰고 아난에게 자세히 물었다.

그때 아난이 모든 비구들에게 말하였다.

"자세히 듣고 잘 사색해 보십시오. 이제 여러분을 위해 설명하겠습니다. 저 세간과 세간의 이름, 세간의 깨달음, 세간의 언사(言辭), 세간의 언어(言語) 같은 것들은 다 세간의 작용에 들어갑니다. 여러분, 이른바 눈이 곧 세간이요, 세간의 이름이며, 세간의 깨달음이요, 세간의 언사이며, 세간의 언어이니, 이런 것들은 다 세간의 작용에 들어갑니다. 귀·코·혀·몸·뜻도 또한 그와 같습니다. 그러므로 많이 들어 아는 거룩한 제자들은 육입처(六入處)에 대해 그것의 발생·소멸·맛들임·재앙·벗어남에 대해 사실 그대로 아나니, 이것을 거룩한 제자가 세간 끝까지 이르러 세간을 알며, 세간의 존경을 받고 세간을 건넌 것이라고 하느니라."

그때 존자 아난이 다시 게송으로 말하였다.

"걸어가는 사람으로서는
세계 끝까지 이를 수 없고
세계 끝에 이르지 못하면
온갖 괴로움 면할 수 없네.
그러므로 저 부처님을

세간을 아는 분이라고 말하나니
그분은 능히 세계 끝에 이르셨고
모든 범행(梵行)을 이미 이루셨다네.
세계의 끝은 분명코 있고
바른 지혜만이 알 수 있다네.
깨달음의 지혜로 세간을 통달하셨으니
그러므로 저 언덕에 건너갔다 하네."

잡아함경 제9권 《234. 세간변경(世間邊經)》

부처님께서는 인간의 한 길 몸뚱이 육체와 정신를 취착하여 발생한 것이 세간세상이라고 말씀하셨다. 이것이 부처님이 가르치신 세상의 표현이다. 이렇게 부처님께서 표현한 세상을 우주나 자연의 세계라는 견해로 확대하여 해석한다면 절대로 부처님이 벗어나라는 세상을 벗어날 수가 없게 된다. 그래서 부처님께서 세상의 끝한 길 몸뚱이의 발생과 소멸에 도달하지 못하면 괴로움의 소멸은 볼 수 없다고 말씀하셨다.

부처님의 가르침은 중도연기법이며, 중도연기법은 세계의 끝에 이르러 온갖 괴로움을 벗어날 수 있는 법이라 천명하셨다. 이렇게 명확한 법을 바르게 알지도 못하면서 알 수 없는 어떠한 세계극락·천상·절대와의 합일·여래장·화엄세계·법화세계 등등를 목표 삼아 수행한다면 허망한 노릇이 아닐 수 없다.

부처님께서는 "많이 들어 아는 거룩한 제자들은 육입처(六入處)에 대해 그것의 발생·소멸·맛들임·재앙·벗어남에 대해 사실 그대로 아나니, 이것을 거룩한 제자가 세간 끝에까지 이르러 세간을 알며, 세간의 존경을 받고 세간을 건넌 것이라고 하느니라."라고 천명하셨다.

4. 삼법인(三法印)

삼법인은 삼특상(三特相)이라고도 일컬어진다.

① 제행무상(諸行無常) —무상의 특상
② 일체개고(一切皆苦) —고의 특상
③ 제법무아(諸法無我) —무아의 특상

①의 무상(無常)이란 일시적으로 인연 화합되어 나타난 모든 것들은 영원히 존재할 수 없다는 것이다.

②의 고(苦)는 이러한 일시적이고 변하지 않으면 안 되는 것이기에 그것에 집착하는 모든 것이 괴로움의 근원이라는 것이다.

③의 무아(無我)는 무상과 고의 조건을 바탕으로 생겨난 오온의 일시적 집합체를 자아라고 인식하게 되는 '나, 내 것, 나의 자아'가 실재로 존재한다는 허망상에서 깨어나 영원한 자아가 없다는 것을 아는 것을 말한다.

위의 세 가지는 위빠사나 수행을 통해 얻어지는 것으로 삼특상^{무상의 특상, 고의 특상, 무아의 특상}이라 한다.

그때 세존께서 모든 비구들에게 말씀하셨다.

"색은 나(我)가 아니다. 만일 색이 나라면 응당 색에서 병이나 괴로움이 생기지 않아야 하며, 또한 색에 대하여 '이렇게 되었으면……' 한다든가, '이렇게 되지 않았으면……' 하고 바라지 않아야 할 것이다. 색에는 나가 없기 때문에 색에는 병이 있고 괴로움이 생기는 것이며, 또한 색에 대하여 '이렇게 되었으면……' 한다든가, '이렇게 되지 않았으면……' 하고 바라게 되는 것이다. 수·상·행·식도 이와 같으니라.

비구들아, 너희 생각에는 어떠하냐? 색은 항상한가, 무상한가?"

비구들이 부처님께 아뢰었다.

"무상합니다. 세존이시여."

"비구들아, 만일 무상하다면 그것은 괴로운 것인가?"

"그것은 괴로운 것입니다. 세존이시여."

"만일 무상하고 괴로운 것이라면 그것은 변하고 바뀌는 법이니라. 그런데 많이 아는 거룩한 제자가 그런 것에 대해 과연 '이것은 나다, 나와 다르다, 나와 나 아닌 것이 함께 있는 것이다.'라고 보겠는가?"

"아닙니다. 세존이시여."

"수·상·행·식도 그와 같으니라. 그러므로 비구들아, '존재하는 모든 색은 과거에 속한 것이건 미래에 속한 것이건 현재에 속한 것이건, 안에 있는 것이건 밖에 있는 것이건, 거칠건 미세하건, 아름답건 추하건, 멀리 있는 것이건 가까이 있는 것이건, 그 일체는 모두 나(我)

가 아니요, 나와 다르지도 않으며, 나와 나 아닌 것이 함께 있는 것도 아니다.'라고 이와 같이 관찰해야 하느니라. 수·상·행·식도 그와 같으니라. 비구들아, 많이 아는 거룩한 제자는 이 오취온에 대하여 '그것은 나(我)도 아니요, 내 것(我所)도 아니다.'라고 사실 그대로 관찰하느니라. 이렇게 사실 그대로 관찰한 뒤에는 모든 세간에 대해서 전혀 취할 것이 없게 되고, 취할 것이 없기 때문에 집착할 것이 없게 되며, 집착할 것이 없기 때문에 스스로 열반을 깨달아 '나의 생은 이미 다하고 범행은 이미 섰으며, 할 일은 이미 마쳐 후세의 몸을 받지 않는다.'라고 스스로 아느니라."

　부처님께서 이 경을 말씀하시자, 모든 비구들은 부처님의 말씀을 듣고 기뻐하며 받들어 행하였다.

잡아함경 제2권 《33. 비아경(非我經)》

　부처님께서 바른 법을 수행하는 자들은 "'존재하는 모든 색은 과거에 속한 것이건 미래에 속한 것이건 현재에 속한 것이건, 안에 있는 것이건 밖에 있는 것이건, 거칠건 미세하건, 아름답건 추하건, 멀리 있는 것이건 가까이 있는 것이건, 그 일체는 모두 나(我)가 아니요, 나와 다르지도 않으며, 나와 나 아닌 것이 함께 있는 것도 아니다.'라고 이와 같이 관찰해야 하느니라. 수·상·행·식도 그와 같으니라."라고 하셨다. 또한 "많이 아는 거룩한 제자는 이 오취온에 대하여 '그것은 나(我)도 아니요, 내 것(我所)도 아니다'라고 사실 그대로 관찰하느니라."라고 하셨으며, "나의 생은 이미 다하고 범행은 이미 섰으며, 할 일은 이미 마쳐 후세의 몸을 받지 않는다고 스스로 아느니라."라고 사고하고 확인하라고 가르치셨다.

'존재하는'이라는 표현은 어떤 고정불변하는 실체가 있기 때문에 표현된 언어가 아니고, 경험을 통해서 기억된 인식을 전제로 '존재하는'이라고 표현하신 것이다. 이러한 존재^{육체와} 정신^를 무상하고, 고이고, 무아라고 가르치셨다. 그래서 육체^색는 나도 아니고, 내 것도 아니고 나의 자아도 아니며 또한 정신^{수·상·행·식}도 그와 같다는 것이다.

이러한 가르침을 온전히 이해하고 받아들이려면 연기법에 대한 통찰이 반드시 수반되어야 한다. 그렇지 않으면 상견과 단견에서 빠져나올 수 없게 된다.

중도연기법의 바른 통찰에 의해서 나타나는 결과는 "스스로 열반을 깨달아, '나의 생은 이미 다하고 범행은 이미 섰으며, 할 일은 이미 마쳐 후세의 몸을 받지 않는다.'고 스스로 아느니라."라고 스스로 천명할 수 있게 되는 것이다. 이것이 바로 어리석은 범부들에게 부처님께서 가르치고자 했던 핵심이다.

5. 사념처법(四念處法)

사념처법의 내용을 설명하려면 따로 책 한 권이 필요할 만큼 분량이 많은 관계로 여기서는 간략하게 살펴보는 것으로 대체하겠다.

> 그때 세존께서 여러 비구들에게 말씀하셨다.
> "모든 중생을 깨끗하게 하여 근심과 슬픔을 벗어나게 하고 번민과 고통을 없애 참다운 법(如實法)을 얻게 하는 일승(一乘)의 길이 있나니, 이른바 사념처(四念處)를 말한다. 어떤 것들이 네 가지인가? 몸(身)을 몸 그대로 관찰하는 염처(念處)와, 느낌(受) · 마음(心)과, 법(法)을 법 그대로 관찰하는 염처(念處)이니라."
>
> 잡아함경 제24권 《607. 정경》

몸 · 느낌 · 마음 · 법의 네 가지 대상을 주제로 마음챙김하여 무상 · 고 · 무아를 통찰하고 증득하는 수행법을 사념처법이라 한다. 사념처법은 순환유전연기와 환멸연기를 이해하고 바른 수행 정진을 통해 현상에서 괴로움의 소멸을 나타내 보일 수 있는 실참(實參) 수행법이다.

그때 세존께서 여러 비구들에게 말씀하셨다.

"만일 비구가 사념처를 떠나면 곧 참다운 성인의 법을 떠나게 될 것이요, 참다운 성인의 법을 떠나면 곧 성인의 도를 떠나게 되고, 성인의 도를 떠나면 곧 감로법(甘露法: 不死法)을 떠나게 되고, 감로법을 떠나면 태어남·늙음·병듦·죽음·근심·슬픔·괴로움·번민에서 벗어나지 못하리니, 나는 그런 사람을 온갖 괴로움에서 해탈하지 못했다고 말하느니라. 만일 비구가 사념처를 떠나지 않으면 성인의 참다운 법을 떠나지 않게 될 것이요, 성인의 참다운 법을 떠나지 않으면 성인의 도를 떠나지 않고, 성인의 도를 떠나지 않으면 감로법을 떠나지 않고, 감로법을 떠나지 않으면 태어남·늙음·병듦·죽음·근심·슬픔·괴로움·번민에서 벗어나리니, 나는 그런 사람을 온갖 괴로움에서 해탈하였다고 말하느니라."

잡아함경 제24권 《608. 감로경》

부처님의 가르침인 사념처법이라는 것은 절대 불변하는 법칙을 상정한 것이 아니다. '사념처'란 현실에서 일어나는 괴로움에 대하여 안팎으로 바르고 법답게 현상을 통찰하여 고에서 벗어나게 하는 실참 수행법이다.

"모든 번뇌가 이미 다하고, 해야 할 일은 이미 마치고, 무거운 짐을 놓아 버리고 모든 존재(有)의 번뇌를 떠나, 바른 지혜로 마음이 잘 해탈한 아라한 비구도 사념처를 닦아야 합니까?"

존자 아나율이 비구들에게 말했다.

"비구가 모든 번뇌가 이미 다 하고, 해야 할 일은 이미 마치고, 무거운 짐을 놓아 버리고 모든 존재의 번뇌를 떠나, 바른 지혜로 마음이 잘 해탈하였더라도, 그 역시 사념처를 닦아야 합니다. 왜냐하면 얻지 못한 것을 얻고 증득하지 못한 것을 증득하여 현세에서 즐겁게 살 수 있기 때문입니다. 왜냐하면 저도 또한 모든 존재의 번뇌를 떠나 아라한이 되어, 해야 할 일을 이미 마치고 마음이 잘 해탈하였지만, 사념처를 닦음으로써 얻지 못한 것을 얻고, 미처 이르지 못한 것에 이르고 증득하지 못한 것을 증득하여, 현세에서 안락하게 살기 때문입니다."

잡아함경 제20권 《543. 아라한비구경》

부처님의 중도연기법에서 고정불변하는 절대의 법이란 것은 상정할 수 없다. 아무리 부처님의 바른 정법이라 하더라도 그러한 법은 현상과 현실을 통해서 괴로움의 소멸을 일으키고자 나타낸 법일 뿐이지, 따로 어떠한 고정불변하는 절대의 법이 있어서 현상과 현실에서 나타난 것은 아니다. 그래서 부처님의 법을 믿고 수행할 때 그 법에 대하여 맹목적으로 긍정도 하지 않고, 부정도 하지 않고, 그 단어와 문장을 주의 깊게 사고하고 수행한 결과로 괴로움의 소멸됨을 확인한다면 그것이 바로 부처님의 바른 가르침이라 할 것이다.

남방불교에서 깨달은 이를 아라한이라고 하고 북방불교에서는 조사 · 선사 · 무위도인진인이라고들 표현한다. 어리석은 자들은 깨달음을 증득하면 대자유인이 되어 모든 것에 통달하고, 모든 것을 다 알며, 어떠한 행을 해도 걸림이 없는 무위도인이 된다고들 말한다. 그러면서 그들의 나태함을 칭송하거나 막행 막식을 동경하기도 한다.

이는 무위도인에 대해 바르게 알지 못한 소치라 하겠다. 무위도인이란 깨달음을 증득했기 때문에 어떠한 행위도 걸림이 없는 사람이라는 뜻이 아니다. 참된 의미의 무위도인이란 '자아의 취착심을 끊고, 의도적으로 어리석은 행위에서 벗어난 깨달은 사람'을 뜻하는 말이다.

'깨달았기 때문에 이제는 아무것도 할 일이 없다.'라고 주장한다면 이러한 견해를 법박(法縛)법에 묶임이라 하는 것이다.

그래서 아나율 존자는 "저도 또한 모든 존재의 번뇌를 떠나 아라한이 되어, 해야 할 일은 이미 마치고 마음이 잘 해탈하였지만 사념처를 닦음으로써 얻지 못한 것을 얻고, 미처 이르지 못한 것에 이르고 증득하지 못한 것을 증득하여, 현세에서 안락하게 살기 때문입니다."라고 말씀하셨던 것이다.

"얻지 못한 것을 얻고 증득하지 못한 것을 증득한다."라는 것은 깨달음이라는 법에는 결코 고정불변하는 절대의 법이 있거나 법의 처소가 있는 것이 아니어서 이미 해탈한 아라한이라도 깨달음이라는 법의 처소에 머물러 있을 수가 없다. 그래서 깨달은 아라한이라도 과거에 지은 업식^{전생이 아니라 현세에 몸을 받아 쌓아 온 인식을 말함}은 남아 있기 때문에 아라한들은 남아 있는 업을 바른 정진을 통해서 불선업은 소멸시켜 버리고, 선업은 증장시켜 바른 행위가 일어나도록 해야 한다는 의미인 것이다.

"현세에서 즐겁게 살 수 있기 때문이요."라는 것은 아라한의 행을 하고 있기에 지금 여기에서 불선업을 끊어 괴로움의 소멸을 보고 선업의 바른 행만을 지어 가기 때문에 곧 '즐겁고 행복하다'라는 것과 같은 의미이다.

이와 같이 처음 발심하여 수행 정진하고자 하는 자나 괴로움의 소멸을 이루어 해탈한 자나 똑같이 사념처법에 머물러 수행 정진하여야 하는 것이다.

그렇다면 수행의 끝은 어디인가라는 의문이 생길 것이다. 수행의 끝은 육신이 소멸^{오온의 화합이 흩어짐}할 때 끝나는 것이다. 그렇기 때문에 어리석은 범부들이 적당히 현실과 타협하는 마음을 떨쳐 버리지 않는 이상 절대로 괴로움의 소멸을 볼 수 없다.

부처님께서도 정각을 이룬 후 열반하실 때까지^{45년간} 수행 정진하셨는데 하물며 불자로서 어떻게 게으르고 나태할 수 있겠는가?

6. "이득과 손실, 명성과 악명

칭송과 비난, 즐거움과 괴로움

인간들과 함께 하는 이러한 법들은 무상하며

영원하지 않고 변하기 마련인 법이라.

이를 알고 마음챙기는 영민한 자는

변하기 마련인 법들을 비추어 보아서

원하는 것들이 그의 마음을 사로잡지 못하고

원하지 않는 것에서 반감이 생기지도 않나니

그에게는 순응함과 적대감이

흩어지고 사라져 존재하지 않으리.

티끌 없고 슬픔 없는 열반의 경지를 알고

존재의 저 언덕에 도달하여

이를 바르게 꿰뚫어 아노라."

앙굿따라니까야 제5권 《세상의 법경②》 73쪽

6. 오온과 오취온

인간의 몸은 '육체의 몸'과 '정신의 몸'의 모임으로 이루어져 있다.

인간의 몸의 모임을 다섯 가지로 나누어 개념 지어 놓은 것을 오온이라 한다. 오온이라는 것은 색몸 · 수느낌 · 상인식 · 행의도적 행위 · 식알음알이의 다섯 가지를 뜻한다.

육체와 정신의 모임인 오온에 대해 '나'라거나 '내 것'이라거나 '나의 자아'라는 자아 취착의 인식이 발생한 것을 오취온이라 한다. 이는 색취온몸에 대한 취착 · 수취온느낌에 대한 취착 · 상취온인식에 대한 취착 · 행취온의도적 행위에 대한 취착 · 식취온알음알이에 대한 취착의 다섯 가지를 뜻한다.

오온은 육근의 다른 표현이지만 엄밀히 말하면 인식의 발생 근원육체를 전제로 했을 때을 알기 위해서는 육근을 전제로 해서 살펴야 하고, 인식의 발생 원인정신을 전제로 했을 때을 알기 위해서는 오온을 전제로 해서 살펴야 한다. ※제2장 7. 육근 · 육경 · 육식 참조

오취온은 삼사화합된 촉육근이 육경과 접촉하여 육식이 발생함으로 인해 오온에 취착하게 된 것으로 갈애와 취착의 다른 표현이다.

그때 세존께서 여러 비구들에게 말씀하셨다.

"어리석고 무식한 범부들은 사대(四大)로 된 몸에 대해서 싫어하고 근심하며 탐욕을 여의고 등져 버리지만 식(識)에 대해서는 그렇지 않다. 왜냐하면 사대로 된 몸에서는 더함이 있고 줄어듦이 있으며 취함이 있고 버림이 있음을 보지만, 마음(心)과 뜻(意)과 식(識)에 대해서 어리석고 무식한 범부들은 능히 싫어하는 마음을 일으키고 탐욕을 여의어 해탈하지 못하기 때문이다.

왜냐하면 그들은 오랜 세월 동안 이것을 보호하고 아끼면서 나(我)라는 것에 매달려, 얻거나 취하는 것이 있으면 '이것은 나다. 이것은 내 것이다. 둘 다 함께 있는 것이다.'라고 말하기 때문이다. 그러므로 어리석고 무식한 범부들은 그것에 대해서 싫어하는 마음을 일으키고 탐욕을 여의어 등져 버리지 못한다.

어리석고 무식한 범부들은 사대로 된 몸에 대해서 나(我)와 내 것이라고 얽매일지언정 식(識)에 대해서 나와 내 것이라고 얽매이지는 않는다. 왜냐하면 사대로 된 몸에서는 십 년을 머무르고 이십 년, 삼십 년 나아가 백 년 동안 머무르다가도 결국 소멸하는 것을 보기도 하고, 혹은 그보다 조금 더 많기도 한 것을 보지만, 마음과 뜻과 식은 밤과 낮, 시시각각으로 잠깐 사이에 변하고 옮겨가 다른 것이 생기고 다른 것이 소멸하기 때문이다. 마치 원숭이가 숲 속에서 놀 때, 잠깐 사이에 여기저기로 나뭇가지를 옮겨 잡으며 하나를 놓고 곧 다른 나뭇가지를 잡는 것과 같나니, 그 마음과 뜻과 식도 또한 그와 같아서, 다른 것이 생기고 또 다른 것이 소멸하느니라.

많이 들어 아는 거룩한 제자는 모든 연기(緣起)에 대해서 잘 사유하고 관찰한다. 즐거움과의 감촉을 인연해 즐겁다는 느낌이 생겨 즐겁다는 느낌을 깨달았을 때, 즐겁다는 느낌의 깨달음을 사실 그대로 안다. 그 즐거움과의 감촉이 소멸하면 즐거움과의 접촉을 인연하여 생긴 느낌도 또한 소멸하고 그치며, 맑고 시원해지며, 쉬고 사라지느니라. ……

이와 같이 많이 들어 아는 거룩한 제자는 색(色)에 대해서 싫어하는 마음을 내고, 수(受)·상(想)·행(行)·식(識)에 대해서 싫어하는 마음을 낸다. 싫어하기 때문에 좋아하지 않고, 좋아하지 않기 때문에 해탈(解脫)하며, 해탈지견(解脫知見)이 생겨 '나의 생은 이미 다하였고 범행(梵行)은 이미 섰으며, 할 일을 이미 다 마쳐 다시는 후세에서는 몸을 받지 않는다.'라고 사실 그대로 아느니라."

부처님께서 이 경을 말씀하시자, 여러 비구들은 부처님의 말씀을 듣고 기뻐하며 받들어 행하였다.

잡아함경 제12권 《289. 무문경(無聞經)》

부처님께서는 어리석고 무식한 범부들은 육체에 대해서 싫어하고 근심하며 탐욕을 여의고 등져 버리려고 노력하지만 정신에 대해서는 그렇지 않다고 하셨다. 마음(心), 뜻(意), 식(識)이라는 것은 정신 작용의 다른 표현일 뿐이다. 따라서 이러한 세 가지 요소를 따로 실재하는 요소로 그릇되게 인식하면 안 된다.

육체라는 것은 소멸되기 마련이고, 소멸되기 마련인 육체를 빌려 일어난 정신 또한 무상한 것이다. 그러므로 부처님께서는 육체에도 취착하지 말고 정신에도 취착함이 없이 바르게 법을 통찰하여 어리석음을 소멸시키라고 하신 것이다.

모든 연기에 대해서 잘 사유하고 관찰한다는 것은 "감각 접촉을 조건으로 하여 일어난 느낌인 즐겁고, 괴롭고, 즐겁지도 괴롭지도 않은 느낌에 대해 있는 사실 그대로 안다는 것"이라고 말씀하시고 계신다. 그런데 이러한 뜻은 단순히 관찰하는 것에 머무는 것이 아니라, 모든 느낌은 무상하고 고(苦)이고 무아라고 바르게 통찰하라는 가르침으로 알아야 한다. 이렇게 통찰하는 것을 두고 모든 연기에 대해서 '잘 사유하고, 관찰한다'라고 말씀하셨다.

그래서 거룩한 제자는 오온과 오취온에 대해서 싫어하는 마음을 내게 되는 것이다. 이것을 괴로움에서 해탈했다고 하는 것이고, 이렇게 알고 행하는 것을 해탈지견이라 하는 것이다.

《무문경》에서 '사대(四大)'라고 하는 것은 지·수·화·풍을 말한다. 일반적으로 인도 전통의 종교와 철학 체계에서는 땅·물·불·바람·허공 등의 이러한 자연의 요소들이 화합하여 모든 만물이 생성되었다는 견해를 내세운다. 부처님 역시 이러한 견해들 중 지·

수·화·풍의 사대라는 요소를 차용하여 인간의 몸의 구성 요소를 설명하고 계신다.

그런데 인도의 종교와 철학 논리대로 사대로 이루어진 것이 인간의 몸이라고 본다면 지금도 인간들은 지·수·화·풍 사대를 빌려 몸이 생겨나야 할 것이다. 그러나 인간들 중 그 누구도 사대의 조합을 통하여 태어난 자는 없다. 사대의 요소들을 인위적으로 아무리 합쳐 봐야 인간의 몸은 절대 만들어지지 않는다. 오로지 인간은 부모님의 몸을 빌려서만 태어나고 있다.

그러므로 "인간은 사대의 모임으로 생겨났기 때문에 죽으면 사대로 흩어져 돌아간다."라는 것은 허망한 논리일 뿐이다. 중도연기법을 통하여 바르게 사고한다면 사대의 모임으로 생겨난 몸이 무너져서^{죽어서} 지·수·화·풍으로 돌아간다는 끝없는 윤회의 논리를 펴는 것이 얼마나 허망한 노릇인가를 알 수 있다.

부처님께서 사대라고 말씀하신 것은 "몸이라는 것은 무상할 뿐, 고정불변하는 실체가 없다."라는 것에 대해 알기 쉽게 가르치고자 몸의 구성 요소를 사대로 분류한 것이다.

사대 중 땅의 요소는 굳고 딱딱한 성질의 것인 뼈, 피부, 머리카락, 근육 등을 뜻하고, 물의 요소는 침, 콧물, 피, 관절 활액 등을 뜻하며, 불의 요소는 몸이 음식물을 섭취해서 일어난 에너지, 몸의 체온을 뜻하며, 풍의 요소는 의지 작용을 통해서 일어나는 몸의 움직임, 혈액의 흐름, 관절의 굽히고 폄, 소화작용 등 호흡을 통해서 일어나는 바람 등을 뜻하는 것이다.

"세존이시여, 탐욕이라고 말들 하는데, 어떤 것을 탐욕이라고 합니까?"
부처님께서 가마에게 말씀하셨다.

"탐욕이란 이른바 오욕을 말하느니라. 어떤 것이 그 다섯 가지인가? 눈에 의해 인식되는 색이 사랑스럽고 마음에 들며, 기분이 좋아 감각적 쾌락을 더욱 자라게 한다. 이와 같이 귀·코·혀도 그러하며, 몸에 의해 인식되는 감촉이 사랑스럽고 마음에 들며, 기분이 좋아 감각적 쾌락을 더욱 자라게 하나니, 이것육체와 정신—오온을 탐욕이라고 한다. 그러나 그것육체와 정신—오온은 탐욕이 아니다. 그것을 탐해 집착하면 이것을 탐욕오취온이라 하느니라."

곧이어 세존께서 게송으로 말씀하셨다.

"세상에 잡된 다섯 가지 빛깔

그것을 애욕이라고 하지는 않는다.

그것을 탐하고 생각하는 것,

그것이 곧 사람의 욕심이니라.

온갖 빛깔 언제나 세상에 있나니

수행하는 사람은 욕심을 끊어야 한다."

잡아함경 제28권 《752. 가마경(迦摩經)》

부처님께서는 오온에 취착을 일으키는 오취온에 집착함을 탐욕이라고 가르치고 계신다. 이러한 가르침을 바르게 이해하지 못하면 지금 삶을 영위하고 있는 육신마저도 없애야 되는 것이 완전한 해탈이라고 주장할 수밖에 없다.

잡아함경 제15권 《365. 설법경》에서도 "만일 비구가 늙음 · 병듦 · 죽음에 대해서 싫어하고, 탐욕을 여의고 완전히 소멸시켜, 모든 번뇌를 일으키지 않고 마음이 잘 해탈하면, 이것을 비구가 현세에서 반열반을 얻는 것이라고 하느니라." 하셨다.

어리석고 무식한 범부들은 육신을 소멸시켜야만 얻을 수 있는 것이 '무여 열반'이라고 주장한다. 이러한 삿된 주장은 현세에서 무여 열반을 증득할 수 있다는 부처님의 가르침에 대해 잘못 알기 때문이다. 부처님께서 가르친 법에 의한 괴로움고(苦)의 소멸은 현재 삶을 영위하는 몸육체와 정신을 소멸시키라고 가르친 것이 아니고, 몸에 취착하는 취착심을 끊어 내라고 가르치신 것이다. 이렇게 바르게 알고 볼 수 있다면 절대로 허망한 논리상견 · 단견에 빠지지 않을 것이다.

오온에 취착함으로 인해 생겨나는 삼독심탐 · 진 · 치의 허망한 견해인 오취온의 집착을 끊고, 팔정도의 행위로 나타내 보이라는 가르침이다.

7. 육근 · 육경 · 육식

'육근(六根)'이란 우리 몸의 구성 요소 중 감각을 느낄 수 있는 바탕이 되는 부분을 각각의 고유 영역에 따라 눈 · 귀 · 코 · 혀 · 몸 · 뜻이라는 여섯 부분으로 나누어 놓은 것을 말한다.

'육경(六境)'이란 육근의 각각의 부분들이 대상을 접촉하여 느끼고 받아들이게 되는 요소들로 색 · 성 · 향 · 미 · 촉 · 법이라는 여섯 부분으로 육근이 접촉하여 느낄 수 있는 대상의 영역을 말하는 것이다.

'육식(六識)'이란 육근이 육경을 접촉했을 때 나타나는 인식 작용으로 안식 · 이식 · 비식 · 설식 · 신식 · 의식이라는 여섯 부분의 인식의 영역을 말하는 것이다.

그런데 어리석은 범부들은 삼사화합의 촉육근 + 육경 + 육식을 조건으로 하여 일어난 인식 이외에 또 다른 인식이 존재하는 것으로 알고 있다. 이러한 삿된 견해가 바로 상견이다. 이러한 육근 · 육경 · 육식은 단지 연기법의 실체를 파악하고자 설정한 개념적 요소들일 뿐 실체가 있는 것이 아니다.

그래서 부처님께서 "개념적으로 보는 것은 본 것이 아니고 개념적으로 보는 자는 여실히 보지 못한 것이다. 어리석은 자는 여실히 보지 못해 묶이고 묶여서는 벗어나지 못하누나."라고 하셨다. 이런 모든 개념을 또렷이 통찰하고 개념에 묶이지 않음이 바른 법에 머무름이다.

그때 세존께서 모든 비구들에게 말씀하셨다.

"모든 것은 무상하다. 모든 것이 무상하다는 것은 무엇인가? 이른바 눈(眼)이 무상한 것이요, 빛깔(色), 안식(眼識), 안촉(眼觸)과 안촉을 인연하여 생기는 느낌(受), 즉 괴로운 느낌, 즐거운 느낌, 괴롭지도 즐겁지도 않은 느낌 또한 무상한 것이다. 귀·코·혀·몸·뜻에 있어서도 또한 그와 같으니라.

그러므로 많이 아는 거룩한 제자로서 이렇게 관찰하는 사람은 눈에 대해서 싫어하는 마음을 내고, 빛깔과 안식과 안촉과 안촉을 인연하여 생기는 느낌, 즉 괴롭다는 느낌, 즐겁다는 느낌, 괴롭지도 즐겁지도 않다는 느낌에 대해서 싫어하는 마음을 낸다.

귀(耳)·코(鼻)·혀(舌)·몸(身)과 소리(聲)·냄새(香)·맛(味)·감촉(觸)에 대해서도 마찬가지이며, 뜻(意)과 법(法)과 의식(意識)과 의촉(意觸)과 의촉을 인연하여 생기는 느낌, 즉 괴로운 느낌, 즐거운 느낌, 괴롭지도 즐겁지도 않은 느낌에 대해서도 또한 싫어하는 마음을 낸다. 싫어하기 때문에 즐거워하지 않고, 즐거워하지 않기 때문에 해탈하며, 해탈지견이 생겨 '나의 생은 이미 다하고 범행은 이미 섰으며, 할 일은 이미 마쳐 후세의 몸을 받지 않는다.'라고 스스로 아느니라."

잡아함경 제8권 《195. 무상경(無常經)①》

육근·육경·육식의 성립 과정은 감각기관인 육근이 감각 대상인 육경을 접촉하면 인식 작용인 육식이 일어나게 된다. 이것은 인식이 발생하는 순서를 나열한 것이지만, 이러한 개념은 인식을 전제로 하여 육근·육경·육식을 단지 언어적으로 표현한 것일 뿐이다. 육식이라는 것은 육근감각기관이 육경색·성·향·미·촉·법을 만났기접촉 때문에 생겨난 것으로 이해해야 한다.

그런데 이러한 논리는 인식의 발생 원리를 파악하고자 설정한 개념일 뿐이다. 부처님께서 인식을 전제로 하여 인식이 어디서부터 일어났는가를 역추론하고 살펴본 결과, 육근이 육경을 접촉하여 일어난 인식을 육식이라고 밝혀내신 것이다.

이렇게 파악하지 않으면 육근·육경·육식이라는 것들이 각각의 고유 영역으로 존재한다는 삿된 견해에 빠지게 되어 이로 말미암아 숙명론·신에 의한 창조론·우연발생론 등 허망한 논리의 사고로 귀결될 수밖에 없다.

그렇다면 왜 육근이라 하는가?

우리 몸이 감각 대상을 만났을 때 인식할 수 있는 최대한의 영역이 '다섯 가지오근 ― 안근·이근·비근·설근·신근'이다. 그 다섯 가지를 조건으로 하여 일어나게 되는 것이 '의근'이다. 이 여섯 번째의 의근이 인식 발생의 바탕이 된다. 여기서 몸을 전제로 오근을 성립시키게 된 것은 오근의 기능들이 담당하는 고유 영역이 나누어져 있기 때문에 다섯 가지로 분류해 놓았다.

첫 번째는 눈, 두 번째는 귀, 세 번째는 코, 네 번째는 혀, 다섯 번째는 몸이다. 오근의 순서는 인간이 감각 대상을 접촉했을 때 가장 강하게 느낌을 받아들이는 순서로 나열되어 있다.

그런데 오근에서 근이란 다섯 가지의 고유 영역에 뿌리가 있어서 근이라 표현한 것이 아니라 오근의 영역들이 대상을 접촉하면 인식할 수 있는 고유 영역뜻—의근이 일어나게 되는데 이것을 전제로 근이라는 어법을 쓰게 된 것이다.

안근이라고 할 때는 안구눈만을 눈의 영역안근이라고 하지 않고, 안구를 연결하는 시신경 및 시신경이 최종적으로 뇌에 작용하는 시상 하부까지를 총괄하여 안근이라고 하는 것이다. 귀·코·혀·몸 역시도 눈의 기능과 마찬가지로 파악해야 한다.

부처님께서 기원정사에 계실 때, 사리뿟따가 비구들에게 말했다.

"만약 내적 감각기관인 눈이 상하고 외부의 물질적 형체가 빛을 받지 못하면, 그것에 주의를 기울이지 않게 되어서 눈의 분별이 일어나지 못합니다. 그러나 눈이 상하지 않았고 외부의 물질적 형체가 빛을 받아 눈이 볼 수 있는 일정한 영역 안에 있으면서 감각적 인상을 받게 되면 그것에 주의를 기울이게 되어 '본다'는 눈의 인식이 일어나게 됩니다. 눈과 대상과 안식이 외부의 물질적 형체를 인지하고 그것을 집착하면 물질적인 것에 대한 집착의 쌓임[색온]이라고 하는 것입니다.

이와 같이 감각이 있으면 감각적인 것에 대한 집착의 쌓임[수온]이고, 지각이 있으면 지각에 대한 집착의 쌓임[상온]이며, 의지가 있으면 의지에 대한 집착의 쌓임[행온]이며, 의식이 있으면 의식에 대한 집착의 쌓임[식온]이라 말합니다. 이와 같은 방식으로 집착의 쌓임이 모인다는 것[오온]을 관찰해야 합니다.

그래서 부처님께서는 '만일 연기를 보면 곧 법을 볼 것이요, 법을 보면 곧 연기를 볼 것이다.'라고 말씀하셨습니다. 연을 따라 생긴다는 것은 바로 다섯 가지 집착의 쌓임[오온]을 말하며, 다섯 가지의 쌓임이란 육신[색]·감각[수]·지각[상]·의지[행]·의식[식]을 말합니다. 만약 우리의 감각기관인 눈·귀·코·혀·몸·뜻이 무너지고 외부의 대상인 물질적 형체들이 빛을 받지 못하게 되면 그것들에 대해서 주의를 기울이는 것이 없어져서 결국 의식도 일어나지 않게 됩니다."

중아함경 제7권 《30. 상적유경》

눈이 빛을 통해서 사물의 형상과 색깔을 분별할 수 있을 때 눈의 영역을 안근이라 한다. 그러나 눈이 있고 빛이 있어도 눈으로 사물의 형상과 색깔을 볼 수 없게 되면 안근은 성립되지 않는다.

오근은 각각 작용하는 고유 영역을 가지고 있다. 눈으로는 볼 수 있는 고유 영역이 있지만 소리를 들을 수도 없고, 맛을 볼 수도 없고, 냄새를 맡지도 못하고, 비벼서 감촉할 수도 없으며 의근을 통하지 않고서는 스스로 인식할 수도 없다. 귀·코·혀·몸도 이와 마찬가지로 각각의 고유 영역이 있으며, 고유 영역 이외에는 다른 영역을 인식할 수 없다.

이렇게 형성된 것을 오근이라 한다. 이 오근을 통해서 등록된 느낌을 조건으로 하여 뜻이라는 여섯 번째의 의근이 생겨난다. 그런데 오근과 의근은 서로서로 조건 지어 일어나는 것일 뿐이지, 따로 떨어져서는 성립될 수 없다.

하지만 오근육체 중에 어느 하나의 근이 상실된다고 하더라도 의근뜻─정신은 상실된 근의 느낌만을 인식하지 못할 뿐이지 나머지 근의 느낌들은 인식하게 된다. 그러나 오근의 기능이 온전히 갖추어졌더라도 인식 장소인 뇌에 장애가 생기면 의근뜻─정신은 일어나지 못한다. 따라서 뜻이라는 의근이 일어날 수 있는 조건을 상실했기 때문에 오근을 조건으로 하여 일어나는 느낌들 역시 일어날 수 없게 된다. 이렇게 오근안·이·비·설·신과 의근뜻은 상호 조건으로 하여 일어난다.

이러한 육근이 대상을 접촉하게 되는데 이 육근의 접촉 대상이 바로 여섯 가지 경계육경─색·성·향·미·촉·법이다.

연기의 발생과 소멸

색빛깔은 눈안근이 대상과 접촉했을 때 일어나는 요소이고,

성소리은 귀이근가 대상과 접촉했을 때 일어나는 요소이고,

향냄새은 코비근가 대상과 접촉했을 일어나는 요소이고,

미맛는 혀설근가 대상을 접촉했을 때 일어나는 요소이며,

촉감촉은 몸의 피부신근가 대상과 접촉했을 때 일어나는 요소이다.

법모든 경계은 뜻의근이 각각의 요소들과 접촉하여 생겨난 느낌을 조건으로 하여 일어난 종합된 인식 대상의 요소를 말한다.

육경의 요소 중 여섯 번째 법이라는 요소는, 법 자체가 가지고 있는 고유 영역이 존재하기 때문에 법이라고 하는 것이 아니다. 다섯 가지의 감각기관오근이 다섯 가지 감각 대상오경을 조건으로 하여 일어난 느낌들을 육근의 여섯 번째 요소인 의근뜻이 받아들이고. 의근뜻이 받아들인 느낌들을 조건으로 하여 일어나게 되는 것이 바로 육경의 여섯 번째인 법의 요소이다.

또한 타인의 경험을 전달받아 간접 경험하여 인식하게 되는 것들 역시 법의 영역에 포함된다.

육근이 육경을 만났을 때 조건으로 하여 일어나는 것이 육식이다. 그런데 육근이 육경을 만났다 하더라도 반드시 인식이 발생하는 것은 아니다. 인식이 발생하는 조건은 육근을 온전하게 갖추고 있는 사람이 여섯 가지 경계육경를 부딪쳤을 때 확연한 느낌으로 인식에 등록되어야만 비로소 인식이 발생한다고 할 수 있다.

예를 들면 길을 걸어가다가 마주 오는 사람과 살짝 스쳐 지나갔다면 접촉은 일어났지만 확연한 느낌이 일어나지 않았기 때문에 접촉에 의한 인식은 일어나지 않는다. 그래서 의근이 일어나지 못하기 때문에 인식으로 등록이 되지는 못한다. 느낌을 인지할 수 있을 정도로 강하게 부딪쳤을 때라야만 인식이 일어나게 되는 것이다.

육식은 육근이 육경을 만났을 때 각각의 감각 장소를 통해서 각각의 인식이 일어나게 된다.

눈이 색을 접촉하면 안식(眼識)이 일어나고,

귀가 소리를 접촉하면 이식(耳識)이 일어나고,

코가 냄새를 접촉하면 비식(鼻識)이 일어나고,

혀가 맛을 접촉하면 설식(舌識)이 일어나고,

몸피부이 촉감촉을 접촉하면 신식(身識)이 일어나고

뜻이 법을 접촉하면 의식(意識)이 일어난다.

이러한 것들을 육근·육경·육식이라고 개념 지어 표현한다.

육식이 온전하게 일어나려면 육근이 온전하게 갖추어져 있을 때라야 가능하다. 육식은 스스로 고유 영역을 가지고 있을 수가 없다. 왜냐하면 육근과 육경이 서로 접촉하지 않으면 육식은 생겨날 수가 없기 때문이다. 이렇게 생겨난 육식이 다시 육근과 작용하게 되면 여섯 가지의 경계가 발생하게 되는데 이것이 안계·이계·비계·설계·신계·의계이다.

또한 육식이 육경과 작용하게 되면 색계·성계·향계·미계·촉계·법계의 경계가 발생한다.

육식이 육근과 육경의 경계를 토대로 작용^{삼사화합된 촉}하여 육식이 스스로에게 식을 조건으로 하여 인식을 일으키게 되면 그것이 안식계·이식계·비식계·설식계·신식계·의식계의 경계로 발생하게 된다.

그래서 육식은 육경과 육식을 조건으로 하여 일어난 의식의 경계를 통하여 육식 스스로에게 조건으로 하여 작용할 수 있다는 것이다.

그런데 육근과 육경은 각각의 영역에서 인식의 경계를 발생시키지만 육식만은 스스로 고유 영역을 가지고 있지 않기 때문에 인식이 발생하게 되는 근본 바탕인 육근을 빌려 자리 잡고 경계를 발생시킨다. 그래서 이렇게 발생시킨 결과 안식계·이식계·비식계·설식계·신식계·의식계라는 명칭을 부여받는다. 이것이 부처님이 가르치신 모든 법의 근본 바탕인 근·경·식의 가르침이다.

구분	고유 요소	인식이 조건으로 하여 일어난 요소
육근(감각기관)	안·이·비·설·신·의	안계·이계·비계·설계·신계·의계
육경(감각 대상)	색·성·향·미·촉·법	색계·성계·향계·미계·촉계·법계
육식(인식 작용)	안식·이식·비식·설식·신식·의식	안식계·이식계·비식계·설식계·신식계·의식계

부처님께서 육근과 육경과 육식에 대해 가르치신 것은 수행자들이 이러한 요소들을 바르게 통찰하여 허망한 자아 취착의 인식을 끊어 내고 괴로움의 소멸을 통하여 해탈 열반하기를 바랐기 때문이다.

따라서 육근에도 '나, 내 것, 나의 자아'라는 것이 없음을 알고, 육경에도 '나, 내 것, 나의 자아'라는 것이 없음을 알고, 육식에도 '나, 내 것, 나의 자아'라 할 만한 것이 없음을 아는 것이 법을 바르게 통찰하는 것이며, 이것이 바로 깨달음이다. 이러한 요소들에 대해 바르게 통찰해야만 무상·고·무아의 삼법인을 증득할 수 있다.

중도연기법의 바른 가르침을 버리고 다른 가르침을 논한다면 부처님께서 "그것은 다만 말만 있을 뿐이요[숙명론·신에 의한 창조론·우연발생론], 그것에 대하여 물으면 제대로 대답할 수 없기 때문에 오히려 의혹만 더 늘어나게 할 뿐이다. 그것은 우리가 경험적으로 인식할 수 있는 영역이 아니기 때문이다."라고 하신 말씀에 합당하겠는가?

십이연기의 흐름과 구성 요소

십이연기의 흐름과 구성 요소

세상의 일어남과 사라짐을 있는 그대로 바른 통찰지로 봄으로써 상견과 단견을 뿌리 뽑으려면 순서대로 연기를 파악해야 한다. 이렇게 순서대로 연기를 파악하는 것을 전제로 연기의 흐름을 순관·역관으로 모두 통찰해야 한다. 순관이란 연기의 각지 중 무명을 출발점으로 하여 파악하든지 노사를 출발점으로 하여 파악하든지 간에 출발점으로 파악하게 된 각지를 시작으로 하여 순서대로 파악해 가는 것을 말한다. 역관이란 순관에 의해 파악된 각지들의 나열된 순서에 대해 끝에서부터 시작하여 역순으로 파악해 나가는 것을 말한다.

12연기의 순서를 파악할 때 무명에서부터 노사까지를 순서대로 파악하는 것을 순관이라 하고, 노사에서부터 무명까지를 역으로 파악하는 것을 역관이라 한다.

혹은 노사에서부터 무명까지를 조건으로 하여 일어나는 현상을 파악하는 것이 순관이 되고, 무명에서부터 노사까지 파악하는 것이 역관이 된다.

간단하게 정리하면 다음과 같다.

순관: 무명에서부터 → 노사까지(무명 · 행 · 식 …… 생 · 노사)
역관: 노사에서부터 → 무명까지(노사 · 생 · 유 …… 행 · 무명)

순관: 노사에서부터 → 무명까지(노사 · 생 · 유 …… 행 · 무명)
역관: 무명에서부터 → 노사까지(무명 · 행 · 식 …… 생 · 노사)

연기법은 실재하는 법이 아니라 인식을 전제로 성립된 개념일 뿐이므로, 연기의 모든 현상은 인식을 통하여 파악된 개념법임을 이해하고 각 연기지를 파악해야 한다.

순환^{유전}연기와 환멸연기 단락^{※제2장 3. 순환(유전)연기와 환멸연기 참조}에서 언급했듯이 연기의 흐름을 파악하려면 통찰지가 부족한 범부들은 노사에서부터 풀어 가야 한다고 했다.

연기의 가르침을 설한 디가니까야 제2권 《대인연경》에서도 늙음 · 죽음을 시작으로 연기의 흐름을 설하고 있는 것을 볼 수 있다.

2. "아난다여, '조건이 있기 때문에 늙음 · 죽음(老死)이 있습니까?' 라고 질문을 받으면 '그렇습니다.'라고 대답해야 한다. 만일 '그러면 무엇을 조건으로 하여 늙음 · 죽음이 있습니까?'라고 묻는다면 '태어남을 조건으로 하여 늙음 · 죽음이 있습니다.'라고 대답해야 한다.

아난다여, '조건이 있기 때문에 태어남(生)이 있습니까?'라고 질문을 받으면 '그렇습니다.'라고 대답해야 한다. 만일 '그러면 무엇을 조건으로 하여 태어남이 있습니까?'라고 묻는다면 '존재(有)를 조건으로 하여 태어남이 있습니다.'라고 대답해야 한다."

디가니까야 제2권 《대인연경》 116쪽

현실이라는 것은 인간의 몸육체 · 정신(名色)을 가지고 감각 대상육경을 접촉하여 일어난 '나'라는 인식을 통하여 헤아리고 분별한 것을 바탕으로 경험할 수 있는 영역을 말한다. 이러한 인간이 경험된 인식을 통해 추론하고 분별하고 개념화하여 언설로 나타낸 것을 현상이라고 한다. 그래서 현실이라 할 때는 인간이 몸을 통해서 직접 부딪쳐 경험할 수 있는 영역이고, 현상이라는 것은 인식을 가지고 추론, 분별하여 경험한 것을 개념화한 것을 말한다.

부처님께서 인간의 괴로움의 근원인 생로병사의 흐름을 밝혀낸 것이 바로 연기법이다. 연기법은 현실적으로 경험한 영역을 바탕으로 추론하여 언설로 나타내 보인 것이다. 그래서 연기법은 실재하는 법이 아니라, 인식을 전제로 언어화된 개념일 뿐이다. 이러한 사고를 바탕으로 연기의 흐름을 파악하지 않고서는 결코 연기의 흐름을 알 수도 볼 수도 없게 된다.

연기를 파악하는 시작점은 늙음(老)과 죽음(死)부터 푸는 것이라고 했다. 노사는 인간들에게 추론이나 개념적 현상이 아니고 당장 직면해야 하는 현실이기 때문이다. 부처님께서 가르치신 중도연기법을 통찰하여 "자아라는 것은 실재하는 존재가 아니며 무상하고, 고이고, 무아이다."라고 바르게 꿰뚫어 통찰할 수 있다면, 노사라는 것 역시도 다만 인식에서 일어난 것일 뿐 실재하지 않은 허망한 인식임을 또렷이 알 수 있다.

그러나 깨닫지 못한 범부들이 자아 취착심을 가지고 있는 이상 이러한 견해를 통한 무상·고·무아의 바른 인식을 갖는 것은 불가능하다. 그래서 연기법을 이해하려면 노사라는 것을 현실적으로 경험할 수 있는 영역으로 상정한 후 현상적인 연기의 흐름을 통찰해 나가야 한다.

연기법이란 조건적^{상호의존적} 발생의 원리를 말하는 것으로 '조건(條件)'이라는 것은 어떠한 일이 이루어지거나, 이루어지지 못하게 하기 위해 갖추어야 할 상태나 요소를 말한다. '조건 지어 일어난다.'라고 할 때는 반드시 접촉^{삼사화합된} 촉을 통하여 인식되어야 한다.

"과거는 과거대로 내버려 두고,
미래는 미래대로 내버려 두자.
내가 너에게 현실을 통해 법을 설하겠다.
① 이것이 있으므로 저것이 있게 되고,
② 이것이 일어나므로 저것이 일어난다.
③ 이것이 없으므로 저것이 없게 되고,
④ 이것이 소멸하므로 저것이 소멸한다.
나의 제자들은 이러한 인과관계의 법에 철저하고도 조직적으로 마음을 기울인다."

잡아함경 제14권 《358. 무명증경②》

①번과 ②번은 괴로움^{고성제}과 괴로움의 일어남^{고집성제}에 대해서 통찰하는 법이고, ③번과 ④번은 괴로움의 소멸^{고멸성제}과 괴로움의 소멸로 인도하는 도 닦음^{고멸도성제}의 법을 설한 것이다.

부처님께서 가르치신 중도연기법은 단순히 사람들의 일상생활에서 발생하는 인과관계와 자연현상에서 발생하는 인과관계를 헤아리고 분별하고자 가르친 것이 아니라, 현실의 괴로움과 앞으로 일어날 현상의 괴로움을 모두 소멸시키기 위해서 통찰하라고 가르치신 것이다.

이러한 이치를 바르게 알지 못하기 때문에 어리석은 범부들은 연기법을 통찰한다고 하면서 인과법에만 매달려 헤어나지 못한다. 그러나 현자들은 연기법을 통해서 인과 없음을 본다.

5. 한 곁에 앉은 대장군 시하는 세존께 이렇게 말씀드렸다.

"세존이시여, 저는 '사문 고따마는 업 지음 없음을 말하는 자도덕부정론자라서 업 지음 없음의 법을 설하고 그것으로 제자들을 인도한다.'라고 들었습니다. 세존이시여, '사문 고따마는 업 지음 없음을 말하는 자라서 업 지음 없음의 법을 설하고 그것으로 제자들을 인도한다.'라고 말하는 자들은 세존께서 말씀하신 대로 말한 것입니까? 세존을 거짓으로 헐뜯지 않고 세존께서 설하신 것을 반복한 것입니까? 세존께서 설하셨다고 전해진 이것을 반복하더라도 어떤 사람이라도 나쁜 견해에 빠져 비난의 조건을 만나지 않겠습니까? 저는 세존을 비방하고 싶지 않습니다."

6. "시하여, 한 가지 이유가 있으니, 그 이유 때문에 나에 대해 바르게 말하는 어떤 사람이 이렇게 말할지도 모른다. '사문 고따마는 업 지음 없음을 말하는 자도덕부정론자라서 업 지음 없음의 법을 설하고 그것으로 제자들을 인도한다.'라고.

시하여, 한 가지 이유가 있으니, 그 이유 때문에 나에 대해 바르게 말하는 어떤 사람이 이렇게 말할지도 모른다. '사문 고따마는 업 지음을 말하는 자도덕긍정론자라서 업 지음의 법을 설하고 그것으로 제자들을 인도한다.'라고.

시하여, 한 가지 이유가 있으니, 그 이유 때문에 나에 대해 바르게 말하는 어떤 사람이 이렇게 말할지도 모른다. '사문 고따마는 단멸을 말하는 자^(단멸론자)라서 단멸의 법을 설하고 그것으로 제자들을 인도한다.'라고.

시하여, 한 가지 이유가 있으니, 그 이유 때문에 나에 대해 바르게 말하는 어떤 사람이 이렇게 말할지도 모른다. '사문 고따마는 혐오를 느끼는 자라서 혐오의 법을 설하고 그것으로 제자들을 인도한다.'라고.

시하여, 한 가지 이유가 있으니, 그 이유 때문에 나에 대해 바르게 말하는 어떤 사람이 이렇게 말할 지도 모른다. '사문 고따마는 폐지론자라서 폐지하기 위하여 법을 설하고 그것으로 제자들을 인도한다.'라고.

시하여, 한 가지 이유가 있으니, 그 이유 때문에 나에 대해 바르게 말하는 어떤 사람이 이렇게 말할지도 모른다. '사문 고따마는 고행자라서 고행의 법을 설하고 그것으로 제자들을 인도한다.'라고.

시하여, 한 가지 이유가 있으니, 그 이유 때문에 나에 대해 바르게 말하는 어떤 사람이 이렇게 말할지도 모른다. '사문 고따마는 모태(母胎)에 들지 않는 자라서 모태에 들지 않게 하기 위하여 법을 설하고 그것으로 제자들을 인도한다.'라고.

시하여, 한 가지 이유가 있으니, 그 이유 때문에 나에 대해 바르게 말하는 어떤 사람이 이렇게 말할지도 모른다. '사문 고따마는 편안한 자라서 안식을 위해 법을 설하고 그것으로 제자들을 인도한다.'라고."

7. "시하여, 어떤 이유가 있어, 그 때문에 나에 대해 바르게 말하는 어떤 사람이 '사문 고따마는 업 지음 없음을 말하는 자라서 업 지음 없음의 법을 설하고 그것으로 제자들을 인도한다.'라고 말할지도 모르겠는가?

시하여, 나는 업 지음 없음을 가르친다. 나는 몸으로 나쁜 행위를 저지르고 말로 나쁜 행위를 저지르고 마음으로 나쁜 행위를 저지르는 자에게 여러 가지 나쁜 불선법들을 짓지 말 것을 가르친다. 시하여, 이것이 그 이유이니, 그 때문에 나에 대해 바르게 말하는 어떤 사람이 '사문 고따마는 업 지음 없음을 말하는 자라서 업 지음 없음의 법을 설하고 그것으로 제자들을 인도한다.'라고 말할지도 모른다.

시하여, 어떤 이유가 있어, 그 때문에 나에 대해 바르게 말하는 어떤 사람이 '사문 고따마는 업 지음을 말하는 자라서 업 지음의 법을 설하고 그것으로 제자들을 인도한다.'라고 말할지도 모르겠는가?

시하여, 나는 업 지음을 가르친다. 나는 몸으로 좋은 행위를 짓고 말로 좋은 행위를 짓고 마음으로 좋은 행위를 짓는 자에게 여러 가지 선법들을 지을 것을 가르친다. 시하여, 이것이 그 이유이니, 그 때문에 나에 대해 바르게 말하는 어떤 사람이 '사문 고따마는 업 지음을 말하는 자라서 업 지음의 법을 설하고 그것으로 제자들을 인도한다.'라고 말할지도 모른다.

시하여, 어떤 이유가 있어, 그 때문에 나에 대해 바르게 말하는 어떤 사람이 '사문 고따마는 단멸을 말하는 자라서 단멸의 법을 설하고 그것으로 제자들을 인도한다.'라고 말할지도 모르겠는가?

시하여, 나는 탐욕과 성냄과 어리석음의 단멸을 가르친다. 나는 여러 가지 나쁜 불선법들을 단멸할 것을 가르친다. 시하여, 이것이 그 이유이니, 그 때문에 나에 대해 바르게 말하는 어떤 사람이 '사문 고따마는 단멸을 말하는 자라서 단멸의 법을 설하고 그것으로 제자들을 인도한다.'라고 말할지도 모른다.

시하여, 어떤 이유가 있어, 그 때문에 나에 대해 바르게 말하는 어떤 사람이 '사문 고따마는 혐오를 느끼는 자라서 혐오의 법을 설하고 그것으로 제자들을 인도한다.'라고 말할지도 모르겠는가?

시하여, 나는 혐오하는 자이다. 나는 몸으로 짓는 나쁜 행위와 말로 짓는 나쁜 행위와 마음으로 짓는 나쁜 행위를 혐오하고, 여러 가지 나쁜 불선법들을 혐오한다. 시하여, 이것이 그 이유이니, 그 때문에 나에 대해 바르게 말하는 어떤 사람이 '사문 고따마는 혐오하는 자라서 혐오를 위해서 법을 설하고 그것으로 제자들을 인도한다.'라고 말할지도 모른다.

시하여, 어떤 이유가 있어, 그 때문에 나에 대해 바르게 말하는 어떤 사람이 '사문 고따마는 폐지론자라서 폐지하고자 법을 설하고 그것으로 제자들을 인도한다.'라고 말할지도 모르겠는가?

시하여, 나는 탐욕과 성냄과 어리석음을 폐지하기 위하여 법을 설한다. 나는 여러 가지 나쁜 불선법들을 폐지하기 위하여 법을 설한다. 바라문이여, 이것이 그 이유이니, 그 때문에 나에 대해 바르게 말하는 어떤 사람이 '사문 고따마는 폐지론자여서 폐지하기 위하여 법을 설하고 그것으로 제자들을 인도한다.'라고 말할지도 모른다.

시하여, 어떤 이유가 있어, 그 때문에 나에 대해 바르게 말하는 어떤 사람이 '사문 고따마는 고행자라서 고행의 법을 설하고 그것으로 제자들을 인도한다.'라고 말할지도 모르겠는가?

시하여, 나는 나쁜 불선법들에 대해서 고행할 것을 말한다. 몸으로 짓는 나쁜 행위와 말로 짓는 나쁜 행위와 마음으로 짓는 나쁜 행위에 대해서 고행할 것을 말한다. 고행을 통해서 나쁜 불선법들이 제거되고 그 뿌리가 잘리고 줄기만 남은 야자수처럼 되고 멸절되고 미래에 다시는 일어나지 않게끔 된 자를 나는 고행자라고 말한다. 시하여, 여래는 고행을 통해서 나쁜 불선법들을 제거하였고 미래에 다시는 일어나지 않게끔 만들었다. 시하여, 이것이 그 이유이니, 그 때문에 나에 대해 바르게 말하는 어떤 사람이 '사문 고따마는 고행자라서 고행의 법을 설하고 그것으로 제자들을 인도한다.'라고 말할지도 모른다.

시하여, 어떤 이유가 있어, 그 때문에 나에 대해 바르게 말하는 어떤 사람이 '사문 고따마는 모태에 들지 않는 자라서 모태에 들지 않도록 하기 위해 법을 설하고 그것으로 제자들을 인도한다.'라고 말할지도 모르겠는가?

시하여, 내생에 모태에 듦이 없고, 다시 존재(再有)를 받아 태어남을 제거하고, 그 뿌리가 잘렸고 줄기만 남은 야자수처럼 되어 멸절되었고, 미래에 다시는 일어나지 않게끔 된 자를, 나는 모태에 들지 않는 자라고 말한다. 시하여, 여래는 내생에 모태에 들어 다시 존재를 받아 태어남을 제거하였고, 그 뿌리를 잘랐고 줄기만 남은 야자수처럼 만들었고 멸절하였고, 미래에 다시는 일어나지 않게끔 만들었다. 시하여, 이것이 그 이유이니, 그 때문에 나에 대해 바르게 말하는 어떤 사람이 '사문 고따마는 모태에 들지 않는 자라서 모태에 들지 못하도록 하기 위해 법을 설하고 그것으로 제자들을 인도한다.'라고 말할지도 모른다.

시하여, 어떤 이유가 있어, 그 때문에 나에 대해 바르게 말하는 어떤 사람이 '사문 고따마는 편안한 자라서 안식(安息)을 위해 법을 설하고 그것으로 제자들을 인도한다.'라고 말할지도 모르겠는가?

시하여, 나는 편안한 자여서 최고의 편안함으로 안식을 위해 법을 설하고 이것으로 제자들을 인도한다. 시하여, 이것이 그 이유이니, 그 때문에 나에 대해 바르게 말하는 어떤 사람이 '사문 고따마는 편안한 자라서 안식을 위해 법을 설하고 그것으로 제자들을 인도한다.'라고 말할지도 모른다."

8. 이렇게 말씀하시자 시하 대장군은 세존께 이렇게 말씀드렸다.

"경이롭습니다. 세존이시여, 경이롭습니다. 세존이시여, 마치 넘어진 자를 일으켜 세우시듯, 덮여 있는 것을 걷어 내 보이시듯, 방향을 잃어버린 자에게 길을 가리켜 주시듯, 눈 있는 자 형상을 보라고 어둠 속에서 등불을 비춰 주시듯, 세존께서는 여러 가지 방편으로 법을 설해 주셨습니다. 저는 이제 세존께 귀의하옵고 법과 비구 승가에 귀의합니다. 세존께서는 저를 재가신자로 받아 주소서, 오늘부터 목숨이 붙어 있는 그날까지 귀의하옵니다.

앙굿따라니까야 제5권 《시하경》 101쪽

《시하경》에서 보듯이 부처님께서 업의 소멸과 윤회의 흐름을 끊기 위해 중도연기법을 설한다고 천명하고 계신다.

"시하여, 내생에 모태에 들어 다시 존재(再有)를 받아 태어남이 제거되고 그 뿌리가 잘리고 줄기만 남은 야자수처럼 되고 멸절되고 미래에 다시는 일어나지 않게끔 된 자를 나는 모태에 들지 않는 자라고 말한다."라고 말씀한 부분에서 내생이라는 것은 앞으로 다가올 미래생을 말하는 것이다. ※내생에 대한 설명은 제1장 1. 삼세(三世)—과거·현재·미래를 어떻게 볼 것인가 참조

"내생에 모태에 들어 다시 존재를 받아 태어남을 제거한다."라는 것은 지금 여기에서 몸·말·마음삼독심으로 짓는 나쁜 행위를 끊고, 계·정·혜삼학의 바른 수행법을 바탕으로 탐욕·성냄·어리석음의 삼독심을 절단하고 단멸해 버리는 것을 말한다. 그래서 '모태'라는 것

십이연기의 흐름과 구성 요소

은 자아 취착의 인식이 모태가 되는 것이지, 어머니의 자궁을 뜻하는 것이 아니다. 그러므로 이렇게 자아 취착을 끊는 것을 윤회에서 벗어났다고 하는 것이다.

따라서 연기법을 삼세과거·미래·현재를 끝없이 연하면서 돌고 도는 법칙이라고만 이해하고 있다면 참으로 부처님의 가르침에 대한 무지이며, 이러한 것은 현자들의 질책을 피할 수 없는 것이다.

다시 한 번 강조하자면, 부처님의 중도연기법에서는 모든 업 지음 없음과 윤회를 끊음과 다시는 태어나지 않음을 전제로 한 가르침이라는 것을 명심해야 할 것이다. 그래야 지금 바로 여기에서 법답게 사실 그대로 관찰한 뒤에 모든 세간에 대해서 전혀 취할 것이 없게 된다. 취할 것이 없기 때문에 집착할 것이 없게 되며, 집착할 것이 없기 때문에 스스로 열반을 깨달아 "나의 생은 이미 다하고 범행은 이미 섰으며, 할 일은 이미 마쳐 후세의 몸을 받지 않는다."라고 스스로 알 수 있게 되는 것이다.

1. 연기의 흐름과 연기의 흐름을 파악하는 순서

1) 9연기로 연기의 흐름을 파악하는 방법

노사에서 시작하여 명색에서 일단락을 짓는다.

'9연기'는 노사에서부터 역으로 거슬러 명색(名色)육체·정신에 도달한다. 이렇게 사고한 후 결국 '몸명색 ― 육체·정신이 있음으로 인하여 노사의 현상이 일어난다.'는 것을 파악하는 방법이다. 결국 '명색을 조건으로 하여 일어난 노사'라고 파악하는 것이 9연기이다.

2. "아난다여, '조건이 있기 때문에 늙음·죽음(老死)이 있습니까?'라고 질문을 받으면 '그렇습니다.'라고 대답해야 한다. 만일 '그러면 무엇을 조건으로 하여 늙음·죽음이 있습니까?'라고 묻는다면 '태어남을 조건으로 하여 늙음·죽음이 있습니다.'라고 대답해야 한다."

"아난다여, '조건이 있기 때문에 태어남(生)이 있습니까?'라고 질문을 받으면 '그렇습니다.'라고 대답해야 한다. 만일 '그러면 무엇을 조건으로 하여 태어남이 있습니까?'라고 묻는다면 '존재를 조건으로 하여 태어남이 있습니다.'라고 대답해야 한다."

"아난다여, '조건이 있기 때문에 존재(有)가 있습니까?'라고 질문을 받으면 '그렇습니다.'라고 대답해야 한다. 만일 '그러면 무엇을 조건으로 하여 존재가 있습니까?'라고 묻는다면 '취착(取)을 조건으로 하여 존재가 있습니다.'라고 대답해야 한다."

"아난다여, '조건이 있기 때문에 취착(取)이 있습니까?'라고 질문을 받으면 '그렇습니다.'라고 대답해야 한다. 만일 '그러면 무엇을 조건으로 하여 취착이 있습니까?'라고 묻는다면 '갈애(愛)를 조건으로 하여 취착이 있습니다.'라고 대답해야 한다."

"아난다여, '조건이 있기 때문에 갈애(愛)가 있습니까?'라고 질문을 받으면 '그렇습니다.'라고 대답해야 한다. 만일 '그러면 무엇을 조건으로 하여 갈애가 있습니까?'라고 묻는다면 '느낌(受)을 조건으로 하여 갈애가 있습니다.'라고 대답해야 한다."

"아난다여, '조건이 있기 때문에 느낌(受)이 있습니까?'라고 질문을 받으면 '그렇습니다.'라고 대답해야 한다. 만일 '그러면 무엇을 조건으로 하여 느낌이 있습니까?'라고 묻는다면 '감각 접촉(觸)을 조건으로 하여 느낌이 있습니다.'라고 대답해야 한다."

"아난다여, '조건이 있기 때문에 감각 접촉(觸)이 있습니까?'라고 질문을 받으면 '그렇습니다.'라고 대답해야 한다. 만일 '그러면 무엇을 조건으로 하여 감각 접촉이 있습니까?'라고 묻는다면 '육입(六入)을 조건으로 하여 감각 접촉이 있습니다.'라고 대답해야 한다."

["아난다여, '조건이 있기 때문에 육입(六入)이 있습니까?'라고 질문을 받으면 '그렇습니다.'라고 대답해야 한다. 만일 '그러면 무엇을 조건으로 하여 육입(六入)이 있습니까?'라고 묻는다면 '정신·물질(名色)을 조건으로 하여 육입이 있습니다.'라고 대답해야 한다."]

"아난다여, '조건이 있기 때문에 정신·물질(名色)이 있습니까?'라고 질문을 받으면 '그렇습니다.'라고 대답해야 한다. 만일 '그러면 무엇을 조건으로 하여 정신·물질이 있습니까?'라고 묻는다면 '알음알이(識)을 조건으로 하여 정신·물질이 있습니다.' 라고 대답해야 한다."

"아난다여, '조건이 있기 때문에 알음알이(識)가 있습니까?'라고 질문을 받으면 '그렇습니다.'라고 대답해야 한다. 만일 '그러면 무엇을 조건으로 하여 알음알이가 있습니까?'라고 묻는다면 '정신·물질(名色)을 조건으로 하여 알음알이가 있습니다.'라고 대답해야 한다."

3. "아난다여, 이처럼 정신·물질을 조건으로 하여 알음알이가, 알음알이를 조건으로 하여 정신·물질이, [정신·물질을 조건으로 하여 육입이, 육입을 조건으로 하여 감각 접촉이], 감각 접촉을 조건으로 하여 느낌이, 느낌을 조건으로 하여 갈애가, 갈애를 조건으로 하여 취착이, 취착을 조건으로 하여 존재가, 존재를 조건으로 하여 태어남이, 태어남을 조건으로 하여 늙음·죽음과 근심·탄식·육체적 고통·정신적 고통·절망이 있다. 이와 같이 전체 괴로움의 무더기

가 있다."

디가니까야 제2권 《대인연경》 116쪽.

이것이 연기 현상의 최초 발생 과정을 설한 것이다. 인간이 몸^{명색}을 가지고 삶을 영위하는 이상 늙음·죽음이라는 현실을 벗어날 방법이 없다는 것을 파악하는 과정이다. 또한 인식 발생의 원인^{현상}을 파악하는 조건으로도 작용한다.

연기의 각지를 이해하고 조건을 파악하는 이유는 허망한 자아 취착의 인식을 끊어 내고 괴로움의 소멸을 통하여 해탈 열반을 증득하고자 하는 것이다.

《대인연경》에는 육입처의 내용이 누락되어 있다. 그런데 이 책에서는 필자가 임의로 육입처의 내용을 삽입하였다.

전통적으로 내려오는 《대인연경》 주석서에서는 육입처를 생략한 이유를 "정신·물질을 조건으로 하여 감각 접촉이 있다."라고 하는 것이 근본 원인을 드러내는 데 훨씬 분명하기 때문이라고 한다. 그러면서 "육입처를 조건으로 하여 감각 접촉이 있다."라고 설명하게 되면 "눈의 감각 접촉 등 여섯 가지의 과보로 나타난 감각 접촉만을 취하게 된다."라고 밝히고 있다.

이러한 논리는 삼세양중인과설의 주장을 바탕으로 한 견해로 재생연결식^{영혼·전생들}을 상정할 때 성립될 수 있다. 즉 "육입처의 감각 접촉만을 취하는 것이 아니라 육입처 이외에도 감각 접촉이 일어나는 조건이 따로 있다."라는 주장인 것이다. 이러한 주장은 "정신·물질을 조건으로 하여 육입처가 일어나고 육입처를 조건으로 하여 감각 접촉이 일어난다."라는 연기의 발생 순서에도 어그러진다. 곧 육입처를 조건으로 하지 않고 정신·물질을 조건으로 하여 감각 접촉이 일어난다는 논리인데 이러한 주장에 대해 부처님께서는 숙명론재생연결식-※10연기로 연기의 흐름을 파악하는 방법(p.156) 참조일 뿐이라고 말씀하셨다.

그때 세존께서 여러 비구들에게 말씀하셨다.

"내가 이제 너희를 위해 설법하리라. 그것은 처음·중간·마지막까지 다 좋으며, 좋은 뜻과 좋은 맛이 있고 순수하고 한결같으며 원만하고 깨끗하여 범행이 맑고 깨끗한 것이다. 이른바 육입처경(六入處經)이니, 자세히 듣고 잘 생각하여라. 너희를 위하여 설명하리라.

어떤 것을 육입처경(六入處經)이라고 하는가? 이른바 안입처(眼入處)를 사실 그대로 알고 보지 못하면 빛깔과 안식·안촉·안촉을 인연하여 생긴 느낌, 즉 괴롭거나 즐겁거나 혹은 괴롭지도 않고 즐겁지도 않은 안의 감각도 사실 그대로 알고 보지 못한다.

사실 그대로 알고 보지 못하기 때문에 눈에 물들어 집착하며, 혹은 빛깔과 안식·안촉·안촉을 인연하여 생긴 안의 느낌, 즉 괴롭거나 즐겁거나 혹은 괴롭지도 않고 즐겁지도 않은 안의 감각에 대해서도 모두 물들어 집착한다. 이와 같이 귀·코·혀·몸도 마찬가지이며, 뜻이나 혹은 법·신식(身識)·의촉·의촉을 인연하여 생긴 느낌, 즉 괴롭거나 즐겁거나 혹은 괴롭지도 않고 즐겁지도 않은 안의 감각을 사실 그대로 알고 보지 못하며, 사실 그대로 알고 보지 못하기 때문에 물들어 집착하느니라.

이와 같이 물들어 집착하는 것과 서로 호응하면, 미련하고 어두우며 돌아보고 생각함이 그 마음을 결박하여 오취온을 길러 자라나게 하고, 또 미래의 존재에 대한 사랑과 탐욕과 기쁨이 모두 더 늘어나고 자라게 되느니라.

그래서 몸과 마음이 피로하고 나빠지며, 몸과 마음이 무너지고 불타며, 몸과 마음이 불꽃처럼 타오르고, 몸과 마음이 미치고 어지러워지며, 몸에 괴롭다는 감각이 생기느니라. 그 몸에 괴롭다는 감각이 생기기 때문에 미래 세상에서 태어남·늙음·병듦·죽음과 근심·슬픔·번민·괴로움이 모두 더욱 늘어나고 자라나게 되나니, 이것을 순전한 괴로움뿐인 큰 무더기의 발생이라고 하느니라.

모든 비구들아, 만일 눈에 대해서 사실 그대로 알고 보며, 만일 빛깔과 안식·안촉·안촉을 인연하여 생긴 느낌인, 괴롭거나 즐겁거나 혹은 괴롭지도 않고 즐겁지도 않은 안의 감각을 사실 그대로 알고 보면, 그것을 본 뒤에는 눈에 물들어 집착하지 않으며, 혹은 빛깔과 안식·안촉·안촉을 인연하여 생긴 느낌인, 괴롭거나 즐겁거나 혹은 괴롭지도 않고 즐겁지도 않은 안의 감각에 물들어 집착하지 않는다.

이와 같이 귀·코·혀·몸도 마찬가지이며, 뜻과 법을 사실 그대로 알고 보고, 혹은 법과 신식·의촉·의촉을 인연하여 생긴 느낌인, 괴롭거나 즐겁거나 혹은 괴롭지도 않고 즐겁지도 않은 안의 감각을 사실 그대로 알고 보면, 사실 그대로 알고 보았기 때문에 뜻에 물들어 집착하지 않고, 혹은 법과 신식·의촉·의촉을 인연하여 생긴 느낌인, 괴롭거나 즐겁거나 혹은 괴롭지도 않고 즐겁지도 않은 안의 감각에 물들지 않게 되느니라.

물들어 집착하지 않기 때문에 서로 섞이지 않고, 미련하고 어둡지 않으며, 돌아보며 생각하지 않고, 얽매이고 묶이지 않아서 오취온이 덜어지고 줄어들며, 미래의 존재에 대한 사랑과 탐욕과 기쁨 등 이런저런 물듦과 집착이 모두 사라져 소멸한다. 그래서 몸도 피로하지 않고 마음도 피로하지 않으며, 몸도 타지 않고 마음도 타지 않으며, 몸도 불꽃처럼 타오르지 않고 마음도 불꽃처럼 타오르지 않아서, 몸이 즐거움을 깨닫고 마음도 즐거움을 깨닫는다.

몸과 마음이 즐거움을 깨닫기 때문에 미래 세상에서는 태어남·늙음·병듦·죽음과 근심·슬픔·번민·괴로움이 모두 사라져 소멸하나니, 이렇게 하여 순전한 괴로움뿐인 큰 무더기가 소멸되느니라.

이와 같이 알고 이와 같이 보는 것을 바른 견해(正見)를 닦고 익혀 만족하는 것이라고 하며, 바른 사고(正思惟)·바른 정진(正精進)·바른 마음챙김(正念)·바른 선정(正定)과 앞에서 말한 바른 말(正語)·바른 행위(正業)·바른 생계(正命)를 청정하게 닦고 익혀 만족하면, 이것을 팔정도(八正道)를 닦고 익혀 청정하고 만족하게 된 것이라고 한다. 팔정도를 닦고 익혀 만족한 뒤에는 사념처(四念處)를 닦고 익혀 만족해야 하고, 사정근(四正勤)·사여의족(四如意足)·오근(五根)·오력(五力)·칠각지(七覺支)를 닦고 익혀 만족해야 하느니라. 이것은 세간의 팔정도를 뜻하는 말이며, 출세간의 팔정도를 뜻하는 말이 아니다.

만일 법으로써 마땅히 알아야 하고 마땅히 깨쳐야 할 것이면 그것을 다 알고 다 깨치며, 만일 법으로써 마땅히 알아야 하고 마땅히 끊어야 할 것이면 그것을 다 알고 다 끊으며, 만일 법으로써 마땅히 알아야 하고 마땅히 증득해야 할 것이면 그것을 다 증득하며, 만일 법으로써 마땅히 알아야 하고 마땅히 닦아야 할 것이면 그것을 다 이미 닦고 익혔느니라.

어떤 것을 마땅히 알아야 하고 마땅히 깨달아야 할 법을 다 알고 다 깨쳤다고 하는가? 명색(名色)을 이르는 말이니라.

어떤 법을 마땅히 알아야 하고 마땅히 끊어야 하는가? 무명(無明)과 존재에 대한 사랑(有愛)을 이르는 말이니라.

어떤 법을 마땅히 알아야 하고 마땅히 증득해야 하는가? 밝음(明)과 해탈(解脫)을 이르는 말이니라. 어떤 법을 마땅히 알아야 하고 마땅히 닦아야 하는가? 바른 관찰(正觀)을 일컫는 말이니라.

만일 비구가 이 법에 대해서 마땅히 알아야 하고 마땅히 깨쳐야 할 것이라면 그것을 다 알고 다 깨쳐야 하며, 혹은 마땅히 알아야 하고 마땅히 끊어야 할 법이면 그것을 다 알고 다 끊어야 하며, 혹은 마땅히 알아야 하고 마땅히 증득해야 할 법이면 그것을 다 알고 다 증득해야 하며, 혹은 마땅히 알아야 하고 마땅히 닦아야 할 법이면 그것을 다 알고 다 닦아야 하나니, 이것을 비구가 애욕의 결박을 끊고 바르고 빈틈없이 한결같은 것으로 괴로움을 완전히 벗어난 것이라고 한다.

모든 비구들아, 이것을 육입처경(六入處經)이라고 하느니라."

부처님께서 이 경을 말씀하시자, 여러 비구들은 부처님의 말씀을 듣고 기뻐하며 받들어 행하였다.

잡아함경 제13권 《305. 육입처경(六入處經)》

남방불교의 논사들은 《대인연경》에 대해 논하면서 육입처를 넣어 버리면 감각 접촉이 모두 육입처만을 조건으로 한 것처럼 보이기 때문에 생략했다고 한다. 하지만 위의 《육입처경》에서 보듯이 부처님께서는 "육입처를 사실 그대로 알고 보아야 수행자가 애욕의 결박을 끊고 바르고 빈틈없이 한결같은 것으로 괴로움을 완전히 벗어난다고 한다."라고 하셨다.

잡아함경 제13권 《319. 일체경(一切經)》에서 다음과 같이 말씀하셨다.

"만일 어떤 사람이 '이것은 우리가 사는 세상 모두(一切)가 아니다. 나는 사문 고따마가 말하는 그런 세상을 버리고 다른 방식으로 우리가 사는 세상을 말하겠다.' 라고 말한다면, 그것은 다만 말만 있을 뿐이요, 그것에 대하여 물으면 제대로 대답을 할 수 없기 때문에 오히려 의혹만 더 늘어나게 할 뿐이다. 그것은 우리가 경험적으로 인식할 수 있는 영역을 넘어서는 것이기 때문이다."

부처님께서 "우리가 경험할 수 있는 현실을 통하지 않고 그 외의 주의, 주장과 논리를 통해서 다른 방식으로 세상을 논한다면 그것은 단지 의혹만 증폭시킬 뿐이다."라고 하신 것은 그것은 우리가 현실적인 법으로 경험할 수 있는 영역이 아니기 때문이다.

2) 10연기로 연기의 흐름을 파악하는 방법

식(識)에서 시작하여 노사에서 일단락 짓는다.
'명색을 조건으로 하여 일어난 식(識)'이라고 파악하는 10연기이다. 명색과 식은 서로서로 조건으로 하여 일어나는 현상이다. 둘은 떼려야 뗄 수 없는 관계인 것이다. 식은 잠재 성향의 원인이고 재생연결식을 발생시키는 원인이기도 하다.

남방불교에서는 무명에서부터 시작되는 인식을 재생연결식으로 설명하고 있다. 이러한 견해는 연기설을 끝없이 돌고 도는 삼세양중 인과설로 파악함으로써 생겨난 허망한 견해일 뿐이다.

그렇다면 식이 왜 재생연결식을 발생시키는 원인인가?

이미 9연기에서 인간의 몸^{명색}이 있기 때문에 노사라는 현상에서 벗어날 수 없음을 알게 되었다. 늙음 · 죽음의 현상은 자아 취착의 인식이 있기 때문에 일어나게 되는 것이다. 그러나 무지한 중생으로서는 자아 취착의 인식이 언제 발생했는지를 알 수가 없다. 대략 한두 살 사이에 일어나고 있음을 짐작할 따름이다.

이것을 부처님께서는 중아함경 56권 《205. 오하분결경》에서 "갓난아기는 어리고 부드러워 반듯이 누워 나라는 생각이 없거늘, 하물며 중생이란 생각이 있겠는가? 그러나 그 성질은 번뇌이기 때문에 짐짓 '내 몸'이라는 견해를 일으킬 성향은 갓난아기 속에 잠재되어 있다."라고 하셨다.

이 말의 뜻은 갓난아기에게는 '나'나 '내 몸'이라는 관념이 없지만, 부모에게서 받아 나온 명색^근과 외부적인 조건^경에 의해 자아를 천명^{오취온}할 수 있는 '인식의 토대를 갖추고 있다.'라는 것이다.

인식의 토대를 갖춘 후 인식이 발생할 수 있는 조건을 만나면 그것을 바탕으로 처음으로 자아 취착의 인식이 일어나고 그것을 조건으로 하여 '나, 내 것, 나의 자아'라고 파악하게 되는 것을 인식의 발생이라고 한다. 이러한 인식이 반복되어 생겨난 인식의 쌓임을 재생연결식이라 칭할 따름이다. 그러므로 재생연결식의 실체가 따로 존재하는 것이 아니다.

남방불교의 주장처럼 '재생연결은 전생의 인식이자 내세의 조건이 되는 인식이다.'라는 허망한 주장은 정법을 훼손하는 어리석은 견해일 뿐이다.

다제 비구는 곧 부처님께 나아가 부처님 발에 머리를 조아리고 한쪽으로 물러나 앉았다.

세존께서 물으셨다.

"너는 참으로 '나는 세존께서 지금의 이 식(識)은 저 세상에 가서 태어나더라도 달라지지 않는다고 이렇게 설법하신 것으로 안다.'라고 그와 같이 말하였는가?"

다제 비구가 아뢰었다.

"세존이시여, 저는 참으로 세존께서 '지금의 이 식은 저 세상에 가서 태어나더라도 달라지지 않는다.'라고 이렇게 설법하신 것으로 알고 있습니다."

세존께서 물으셨다.

"어떤 것이 식(識)인가?"

다제 비구가 아뢰었다.

"세존이시여, 이른바 이 식이란 말하고 깨달으며, 스스로 짓고 남을 짓게 하며, 일어나고 함께 일어나는 것으로서 여기저기서 선하고 악한 업을 지어, 그 과보를 받는 것입니다."

세존께서 꾸짖어 말씀하셨다.

"다제 비구야, 너는 어떻게 내가 그렇게 설법하였다고 알고 있으며, 누구에게서 내가 그렇게 설법하더라고 들었느냐? 너 어리석은 사람아, 나는 전혀 그런 말을 하지 않았는데 너는 한결같이 그렇게 말하는구나. 너 어리석은 사람아, 모든 비구들에게 꾸짖음을 들었으면 너는 그때 마땅히 법대로 대답했어야 할 것이다. 나는 이제 모든 비구들에게 물어보리라."

이에 세존께서 모든 비구들에게 물으셨다.

"비구들아, 너희 또한 내가 '지금의 이 식은 저 세상에 가서 태어나더라도 달라지지 않는다.'라고 이렇게 설법했다고 기억하고 있느냐?"

"아닙니다, 세존이시여."

"너희는 내 설법을 어떻게 기억하고 있느냐?"

모든 비구들이 아뢰었다.

"저희는 세존께서 '식은 연(緣)을 따르기 때문에 일어난다.'라고 설법하신 것으로 압니다. 세존께서는 한량없는 방편으로 '식은 연을 따르기 때문에 일어난다. 식은 연이 있으면 생기고, 연이 없으면 멸한다'라고 말씀하셨습니다. 저희는 세존께서 이렇게 설법하신 것으로 기억하고 있습니다."

세존께서 찬탄하며 말씀하셨다.

"훌륭하고 훌륭하다. 비구들아, 너희는 내가 그렇게 설법한 것을 알고 있구나. 왜냐하면 나도 또한 그렇게 '식은 연을 따르기 때문에 일어난다.'라고 설법하였기 때문이다. 나는 '식은 연을 따르기 때문에 일어난다. 식은 연이 있으면 생기고 연이 없으면 멸한다.'라고 말했다. 식은 연하는 바를 따라 생기는데, 그 연이란 곧 눈과 빛깔을 연하여 식이 생기는 것을 말하며, 식이 생긴 뒤에는 눈의 식(眼識)이라고 말한다. 이와 같이 귀, 코, 혀, 몸에 있어서도 또한 그러하며, 뜻과 법을 인연하여 식이 생기고, 식이 생긴 뒤에는 뜻의 식(意識)이라고 말한다. 그것은 마치 불이 연하는 바를 따라 생기는 것과 같나니, 그 연이란 나무를 연하여 불이 생기는 것을 말하며, 불이 생긴 뒤에는 나무의 불이라고 말한다. 또 풀이나 똥 무더기를 연하여 생긴 불은 풀의 불, 똥 무더기의 불이라고 말한다. 이와 같이 식은 연하는 바를 따라 생기는데, 그 연이란 곧 눈과 빛깔을 연하여 식이 생기는 것을 말하며, 식이 생긴 뒤에는 눈의 식안식이라고 말한다. 이와 같이 귀, 코, 혀, 몸에 있어서도 또한 그러하며, 뜻과 법을 연하여 식이 생기고삼사화합에 의한 촉, 식이 생긴 뒤에는 뜻의 식의식이라 하느니라."

세존께서 다시 찬탄하며 말씀하셨다.

"훌륭하고 훌륭하다. 너희는 내가 이렇게 설법한 것을 알고 있구나.

그런데 저 어리석은 사람 다제 비구는 그 뜻과 글을 거꾸로 받아 이해하고 있다. 그는 스스로 거꾸로 받아 이해하고 있기 때문에 나를 모함해 비방하고, 스스로 자기를 해쳤으며, 계를 범하고 죄를 지어 모든 지혜로운 범행자들의 나무람을 받고, 또 큰 죄를 지었다. 너 어리석은 사람아, 네가 이렇게 악하고 착하지 않은 줄을 알겠느냐?"

중아함경 제54권 《201. 다제경》

《다제경》에서 보는 바와 같이 식은 명색에서부터 노사까지를 조건으로 하여 일어난 것이다.

그런데 식이 단순히 명색을 조건으로 하여 일어났다고 본다면 그것은 연기법을 잘못 파악하고 있는 것이다. 부처님께서 "식은 연을 따르기 때문에 일어난다."라고 한 것은 단순히 식의 전후에 자리 잡고 있는 행과 명색만을 조건으로 하여 일어난다는 것이 아니라, 식 다음으로 조건이 되는 명색으로부터 노사까지 모든 연기의 각지를 다 조건으로 하기 때문에 일어난다고 말씀하시는 것이다.

이렇게 파악하지 못하고 단순히 '식은 명색을 조건으로 하여 일어난다, 혹은 명색을 조건으로 하여 식이 일어났다.'라는 단순 논법으로 연기를 파악한다면 이러한 삿된 논리에 의해 숙명론[재생연결식] · 신에 의한 창조론 · 우연발생론 등의 모든 허망한 견해에 빠져들게 되는 것이다.

그래서 부처님께서 식은 "전생의 업을 전제로 한 재생연결식에서 발생하는 것이 아니라, 삼사화합육근+육경+육식의 촉을 조건으로 하여 일어난 것이 식이라 하느니라."라고 하셨다.

《다제경》에서 "귀, 코, 혀, 몸에 있어서도 또한 그러하며, 뜻과 법을 연하여 식이 생기고삼사화합에 의한 촉, 식이 생긴 뒤에는 뜻의 식의식이라 하느니라."라고 했다. "식이 생기고"라는 의미는 삼사화합된 촉을 뜻하고, "식이 생긴 뒤에는 뜻의 식의식이라 하느니라."라는 것은 비로소 10연기에서 말하는 인식의 일어남을 뜻한다.

그래서 삼사화합된 촉은 인식이 일어나게 되는 조건이고, 그 조건으로 인해서 식이 발생한다.

만약 내적 감각기관인 눈이 상하고 외부의 물질적 형체가 빛을 받지 못하면, 그것에 주의를 기울이지 못하게 되어서 눈의 분별이 일어나지 못하게 된다. 이와 같이 세 가지 육근·육경·육식의 조건 중 어느 것 하나라도 충족되지 못하면 온전한 식은 발생할 수가 없다. 이렇게 바르게 볼 수만 있다면 영혼이나 재생연결식의 허망한 주장을 하지 못할 것이다.

3) 11연기로 연기의 흐름을 파악하는 방법

행에서 시작하여 노사에서 일단락을 짓는다.

자아 취착이라는 인식의 쌓임을 통하여 형성된 것이 탐·진·치의 삼독심이다. 이렇게 '식을 조건으로 하여 일어난 행'이라고 파악하는 것이 11연기이다. 행은 탐·진·치 삼독심의 쌓임으로 말미암아 '자아라고 취착하는 삶의 윤회로 거듭해서 나아간다.'라는 인식을 일어나게 한다.

이러한 인식이 생겨나게 되는 것은 바른 법을 배우고 익히지 못한 결과이다. 그래서 부처님께서는 이러한 윤회의 삿된 주장을 하는 자들에게 "그것은 단지 느낀 것에 지나지 않으며, 그 느낌이 견해와 갈애에 동요된 것일 뿐이다."라고 확언하셨다.

> 3.44 "비구들이여, 여기 그 사문 바라문들이 62가지 경우로 과거를 모색하고 미래를 모색하고 과거와 미래를 모색하며, 과거와 미래에 대한 견해를 가지고, 과거와 미래에 대한 여러 가지 교리를 단언하는 것은, 알지 못하고 보지 못하고 갈애에 빠져 있는 그 사문 바라문 존자들이 단지 느낀 것에 지나지 않으며, 그 느낌이 견해와 갈애에 동요된 것일 뿐이다."
>
> 디가니까야 제1권 《범망경》 170쪽

어리석은 범부들은 윤회를 전생·금생·내생의 굴레를 끝없이 돌고 도는 것으로 알고 있다.

부처님의 가르침에서 윤회는 실제로 삼세를 윤회하는 존재가 있기 때문에 윤회를 말씀하신 것이 아니고 단지 '자아 취착의 삿된 견해로 말미암아 전생·금생·내생으로 끝없이 유전한다.'라고 착각하여 일어난 인식일 뿐이라 하셨다.

그래서 부처님이 말씀하신 삼세는 우리가 몸을 가지고 현실적으로 경험할 수 있는 영역을 금생, 이것을 바탕으로 지나간 기억들을 전생, 앞으로 다가올 삶에 대한 막연한 바람을 내생이라 하셨다. 다시 말하면 흘러간 기억 속에 남아 있는 생을 전생이라 하고, 전생이라는 인식을 조건으로 하여 일어난 지금이라는 인식을 금생이라 하며, 다가올 것이라는 기대를 가지고 추론하여 상정한 것을 내생이라 한다. 그런데 이러한 전생·금생·내생이라 하는 것은 실재하는 것이 아닌 단지 인간들의 자아 취착으로 만들어진 인식의 언어적 표현일 뿐이다. 또한 지금 우리가 몸을 가지고 현실에서 경험한다고 하는 것 역시도, 순간순간 생멸하는 인식의 연속일 뿐이다. 이렇게 순간순간 생멸하는 인식의 거듭됨을 윤회라고 표현한다. 그리고 지나간 과거 인식들의 쌓임을 잠재 성향이라 한다.

"균두야, 알라. 범부들은 이렇게 생각한다.
'나(我)는 있는가, 나는 없는가, 나는 있기도 하고 없기도 한가? 세상은 영원한가, 세상은 무상한가? 세계는 끝이 있는가, 세계는 끝이 없는가? 목숨이 곧 몸인가, 목숨과 몸은 다른가? 여래는 죽는가, 여래는 죽지 않는가? 죽음은 있는가, 죽음은 없는가? 누가 이 세계를 만들었는가?

또 '범천이 이 세계를 만들었는가, 지주(地主)가 이 세계를 펼쳐 놓았는가? 범천이 이 중생들을 만들고, 지주가 이 세상을 만들었는가? 중생은 본래는 없던 것이 지금 있고, 본래 있던 것은 곧 멸할 것인가? 하고 온갖 삿된 소견을 일으킨다. 범부들은 들은 것도 없고 본 것도 없어서 곧 이런 생각들을 일으키느니라."

곧이어 세존께서 이런 게송으로 말씀하셨다.

'범천창조자은 저절로 있게 되었다.'
이것은 범지들이 하는 말이다.
그런 소견 참되지도 바르지도 않으니
그저 그들의 소견일 뿐이니라.

'우리 주인이 연꽃을 피웠고
그 속에서 범천이 태어났다.'
지주절대자가 범천을 낳은 것이니
저절로 생겼다는 말은 맞지 않다.

십이연기의 흐름과 구성 요소
165

'지주(地主)는 찰제리 종족과
범지 종족의 부모이다.'
그러면 왜 찰제리의 자손들과
범지들은 다시 서로를 낳는가?

그들이 태어난 곳을 더듬어 보면
그것은 저 여러 하늘들이 한 말
그것은 바로 찬탄한 말이거늘
도리어 굴레의 재앙을 스스로 덮어쓰네.

'저 범천이 사람을 낳았고
지주는 세상을 만들었다.'
혹은 '다른 이^{또 다른 절대자나 창조주}가 만들었다.' 말하지만
이 말을 누가 증명할 건가?

성냄과 탐욕과 어리석음
이 세 가지가 함께 어울려
그 마음 자유롭지 못하면서도
'세상에서 내가 훌륭하다.'고 스스로 일컫는구나.

천신(天神)이 세상을 만든 것도
저 범천이 낳은 것도 아니다.
그런데도 범천이 만들었다 한다면
그것은 허망한 말이 아닌가?

그 자취 찾아보면 갈래가 많고
진실을 살펴보면 그 말들 허망하다.
그런 행들 제각기 서로서로 다른데
그런 행은 진실을 찾는 것이 아니니라.

"균두야, 알아야 한다. 중생들은 그 소견이 같지 않고 그 생각도 각기 다르다. 그 여러 소견들은 모두 무상한 것이다. 누가 그런 소견을 가졌다면 그것은 모두 무상하고 변하는 법이니라."

증일아함경 제43권 〈9. 선악품〉

인도의 힌두 전통 신앙에서 범천^{브라흐만}이란 제관(祭官)이 외우는 기도문, 주문 또는 그 주력, 영력(靈力) 등을 의미했는데 후대에 내려오면서 만물의 근본으로 존재하는 영력, 영체^{힌두교에서 상징하는 여러 신들}를 가리키는 의미로 변화되었다.

바라문들의 삶은 네 가지 시기로 나뉜다고 한다. 바라문의 법전에서 규정하고 있는 네 가지 생활 단계란 ① 스승 밑에서 학습하는 청년 시절의 범행기(梵行期)범지 ② 가정에서 생활하며 가장으로서 의무를 다하는 가주기(家住期) ③ 가정과 재산을 아들에게 물려주고 숲 속에 들어가 은거하는 임서기(林棲期) ④ 숲 속의 거처까지 버리고 완전히 무소유로 걸식, 편력의 생활에 들어가는 유행기(遊行期)의 4주기(四住期)를 말한다.

〈선악품〉에 나오는 범지는 바라문교의 네 단계 시기 중 첫 번째 시기에 해당되는 자들로 그들은 스승에게서 바라문 교리를 배우는 자들을 말한다. 또한 찰제리는 인도의 사성계급 중 크샤트리아무사 계급를 말한다.

〈선악품〉에서 "그러면 왜 찰제리의 자손들과 범지들은 다시 서로를 낳는가?"라는 것은 바라문들에 따르면 사성계급들은 범천에 의해서 태어났고, 그중 자신들은 범천의 입에서 태어났다고 주장한다. 그러나 실제로는 범천에 의해 나지 않고 인간인 어머니의 자궁에서 태어나고 있는 사실로 볼 때 그들이 신에 의해 태어났다는 견해는 단지 그들만의 어리석은 소견일 뿐 진실하지 못한 것이라 부처님은 말씀하신다.

그래서 부처님은 "왜 그대들의 자손들은 계속해서 신에 의해 태어나지 못하고, 바라문들의 몸을 통해서 태어나는가?"라고 하시며 그들의 주장이 모순됨을 논박하셨다. 또한 "범천이나 절대자나 천신들을 주장하는 이러한 소견은 어리석고 무식한 범부들이 바른 법에 대해 들은 것도 없고, 본 것도 없어서 곧 이런 삿된 생각을 일으킨 것이다."라고 하셨다. 이런 소견들은 모두가 무상하고 허망할 뿐이라 말씀하신다.

"그들이 태어난 곳을 더듬어 보면 그것은 저 여러 하늘들이 한 말, 그것은 바로 찬탄한 말이거늘"이라고 한 것은 바라문들이 신앙하는 창조주인 브라흐만의 입에서 생겨난 《베다》를 찬양하는 말이다. 실재하는 신들이 하늘에 존재하여 계시의 말을 인간들에게 내려보낸다는 말이 아니다. 그들이 숭배하는 전통 신앙에 의해 전해 내려온 경전에 쓰여 있는 말들을 바라문들이 찬탄한다는 뜻이다. 즉 그들이 하늘의 말씀이라고 주장하는 《베다》의 글귀와 바라문의 행위가 서로 모순된 것임을 지적하신 것이다.

"도리어 굴레의 재앙을 스스로 덮어쓰네."라고 표현하신 것은, 그들이 하늘의 말씀이라고 주장하면서 도리어 신의 굴레에 묶인 삶을 살고 있는 바라문들의 어리석은 행위를 지적하신 것이다.

1. "세존이시여, 비구가 알음알이를 가진 이 몸에 대해서 '나'라는 생각과 '내 것'이라는 생각과 자만의 잠재 성향이 일어나지 않는 그런 마음의 해탈과 통찰지를 통한 해탈에 들어 머물 수 있습니까?" ……

2. "아난다여, 비구가 알음알이를 가진 이 몸에 대해서 '나'라는 생

각과 '내 것'이라는 생각과 자만의 잠재 성향이 일어나지 않고, 밖의 모든 개념들에 대해서도 '나'라는 생각과 '내 것'이라는 생각과 자만의 잠재 성향이 일어나지 않는 그런 삼매를 얻을 수 있으며, '나'라는 생각과 '내 것'이라는 생각과 자만의 잠재 성향이 일어나지 않는 그런 마음의 해탈과 통찰지를 통한 해탈에 들어 머물 수 있다. ……아난다여, 여기 비구는 이렇게 생각한다. '이것은 고요하고 이것은 수승하다. 이것은 모든 형성된 것들이 가라앉음이요, 모든 재생의 근거를 놓아 버림이요, 갈애가 다함이요, 탐욕이 빛바램이요, 소멸이요 열반이다.'라고."

앙굿따라니까야 제1권 《아난다경》 256쪽

《아난다경》에서 말씀하셨듯이 부처님은 연기법의 통찰을 통해서 잠재 성향이 일어나지 않음과 모든 재생의 근거를 놓아 버림을 천명하고 계신다. 중도연기법이라고 하는 것은 모든 허망식에서 벗어나 윤회를 끊으라는 가르침이지, 윤회하는 법을 가르치는 것이 아님을 알 수 있다.

이렇게 중도연기법에 대하여 바르게 통찰하여 상견과 단견에서 벗어났는데 어떻게 영원불변하는 절대신이나 천상과 내생을 열망할 수 있겠는가? 지금 여기에서 자아 취착의 허망식을 끊고 해탈할 수 있도록 바르게 수행 정진해야만 진정한 불자라 할 수 있을 것이다.

4) 12연기로 연기의 흐름을 파악하는 방법

무명에서 시작하여 노사에서 끝을 맺는다.

이것이 '행을 조건으로 하여 일어난 무명'이고 무명이라는 것을 파악하는 12연기설이다. 무명이 생겨나게 된 것은 정법을 바르게 배우지 못해서 일어난 현상이다.

이렇게 연기의 현상들을 파악하여 최종적으로 확정된 것이 12연기설이다. 노사에서부터 명색까지를 파악하는 9연기설을 토대로 10연기, 11연기, 12연기의 이러한 순서로 연기법을 파악해야 삿된 견해에 물들지 않고 바르게 수행 정진하는 바탕이 될 수 있다.

연기의 각지는 각각의 부분들이 따로따로 떨어져서 존재하는 것이 아니고, 각각의 각지에 모든 각지가 다 내포되어 있다고 보아야 한다. 그래서 무명을 상정하게 되면 노사까지의 모든 각지가 다 발생하고, 노사를 상정한다 하더라도 무명까지의 모든 각지가 발생한다.

이러한 바른 통찰을 통해서 12연기설^{전생}을 파악한 후 갈애와 취착^{금생}을 조건으로 시작하여, 노사의 흐름^{내생}으로 가져갈 때 비로소 현상에서 삼세양중인과의 설명이 가능하다.

"비구는 지니고 있는 색(色)에 대하여 '과거 미래 현재나 혹은 안이거나 밖이거나, 혹은 정밀하거나 추하거나, 혹은 묘하거나 묘하지 않거나, 혹은 가깝거나 멀거나, 다 나(我)의 소유가 아니요, 나라는 것 또한 그의 소유도 아니며, 또한 신(神)도 아니다. 나는 신도 아니고, 나는 신의 소유도 아니다.'라고 이렇게 지혜롭게 관찰하여 그것을 진실 그대로 안다.

또 '내가 가진 감각(受)·내가 가진 감정(想)·내가 가진 이 소견(行)도 다 나의 소유가 아니요, 나라는 것 또한 저것의 소유도 아니며, 나에게는 마땅히 나(我)라는 것이 없고 마땅히 존재하는 것도 아니다. 저 일체는 나의 소유가 아니요, 나도 또한 저것의 소유가 아니며, 또한 신도 아니다.'라고 이렇게 지혜롭게 관찰하여 그것을 진실 그대로 안다.

또 이런 견해(識)가 있다.

'보고(見) 듣고(聞) 분별하고 아는(知) 것을 통해 얻은 것이거나 관찰된 것이거나 마음으로 생각한 것으로서, 이 세상에서 저 세상으로 가고 저 세상에서 이 세상으로 온다고 하는 그 모든 것은 나의 소유가 아니요, 나도 또한 저것의 소유가 아니며, 또한 신도 아니다.'라고 이렇게 지혜롭게 관찰하여 그것을 진실 그대로 안다.

또 '이것은 신이다, 이것은 세상이다, 이것은 나다, 나는 응당 후세에 존재하게 되어 있으므로 언제나 변하거나 바뀌지 않고, 언제나 멸하지 않는 법이다고 하는 내가 가진 이 소견 모두는 다 나의 소유가 아니요, 나란 저것의 소유가 아니며, 또한 신도 아니다.'라고 이렇게 지혜롭게 관찰하여 그것을 진실 그대로 아느니라."

그때 한 비구가 자리에서 일어나 가사 한 자락을 벗어 메고 합장하고 부처님을 향해 여쭈었다.

"세존이시여, 혹 안(內)자아 취착을 인하여 두려움이 있습니까?"

"있느니라."

"세존이시여, 어떻게 안을 인하여 두려움이 있습니까?"

세존께서는 대답하셨다.

"어떤 비구는 이렇게 보고 이렇게 말한다. '혹은 이전에는 나(我)라는 것이 있었는데 지금은 없다. 나라는 것을 주장해 보아도 나를 얻을 수 없다.' 그는 이렇게 보고 이렇게 말하면서 근심하고 슬퍼하며, 괴로워하고 울며, 가슴을 치면서 미친 증세를 일으킨다. 비구야, 이와 같이 안을 인하여 두려움이 있느니라."

비구는 세존을 찬탄하고 나서 다시 여쭈었다.

"세존이시여, 안을 인하여 두려움이 없기도 합니까?"

"없을 수 있느니라."

"세존이시여, 어떻게 안을 인하여 두려움이 없습니까?"

세존께서 대답하셨다.

"어떤 비구는 이렇게 보지 않고 이렇게 말하지 않는다. '혹 이전에는 나라는 것이 있었는데 지금은 없다. 나라는 것을 주장해 보아도 나를 얻을 수 없다.' 그는 이렇게 보지 않고 이렇게 말하지 않아, 근심하거나 슬퍼하지 않고, 괴로워하거나 울지 않으며, 가슴을 치면서 미친 증세를 일으키지도 않는다. 비구야, 이와 같이 안을 인하여 두려움이 없느니라."

비구는 세존을 찬탄하고 나서 다시 여쭈었다.

"세존이시여, 혹 밖을 인하여 두려움이 있기도 합니까?"

"있느니라."

"세존이시여, 어떻게 밖을 인하여 두려움이 있습니까?"

세존께서 대답하셨다.

"어떤 비구는 이렇게 보고 이렇게 말한다. '이것은 신이다, 이것은 세상이다, 이것은 나다, 나는 마땅히 후세에도 존재하게 될 것이다.' 그는 이렇게 보고 이렇게 말하다가 총명하고 지혜로우며 말을 잘하고 지혜를 성취한 여래를 만나거나, 혹은 여래의 제자를 만난다. 그러면 여래나 혹은 여래의 제자는 일체의 자기 몸을 멸하였기 때문에 법을 연설하고, 일체의 번뇌와 일체의 나와 나의 할 일을 버리고, 교만의 번뇌를 멸하였기 때문에 법을 연설한다. 여래나 여래의 제자가 일체의 자기 몸을 멸하였기 때문에 법을 연설하고 일체의 번뇌와 일체의 나와 나의 할 일을 버리고 교만의 번뇌를 멸하였기 때문에 법을 연설하면, 그는 그때 근심하고 슬퍼하며, 괴로워하고 울며, 가슴을 치면서 미친 증세를 일으켜 이렇게 말한다.

'나는 완전히 멸망해 다시는 존재하지 않는구나.'

왜냐하면 그 비구는 [어리석은 삿된 법에] 이른바 긴 세월 동안 사랑할 것도 없고 즐겨할 것도 없으며, 마음으로 생각할 것도 없다는 데서 바르게 수행하지 못했기 때문이다. 비구야, [이렇게 어리석은 삿된 견해를] 많이 행한 그는 곧 근심하고 슬퍼하며, 괴로워하고 울면서 가슴을 치고 미친 증세를 일으킨다. 비구야, 이렇게 밖을 인하여 두려움이 있느니라."

비구가 세존을 찬탄하고 다시 여쭈었다.

"세존이시여, 혹 밖을 인하여 두려움이 없기도 합니까?"

"없을 수 있느니라."

"세존이시여, 어떻게 밖을 인하여 두려움이 없습니까?"

세존께서 대답하셨다.

"어떤 비구는 이렇게 보지 않고 이렇게 말하지 않는다. '이것은 신이다, 이것은 세상이다, 이것은 나다, 나는 마땅히 후세에도 존재하게 될 것이다.' 또 그는 이렇게 보지 않고 이렇게 말하지 않다가 총명하고 지혜로우며 말을 잘하고 지혜를 성취한 여래나 여래의 제자를 만난다. 그러면 여래나 혹은 여래의 제자는 일체의 자기를 멸하였기 때문에 법을 연설하고, 일체의 번뇌와 일체의 나와 나의 할 일을 버리고 교만의 번뇌를 멸하였기 때문에 법을 연설한다. 여래나 여래의 제자가 일체의 자기 몸을 멸하였기 때문에 법을 연설하고, 일체의 번뇌와 일체의 나와 나의 할 일을 버리고 교만의 번뇌를 멸하였기 때문에 법을 연설하면 그때, 그는 근심하거나 슬퍼하지 않고, 괴로워하거나 울지 않으며, 가슴을 치면서 미친 증세를 일으키지도 않는다. 그리고 '나는 완전히 멸망해 다시는 존재하지 않는구나.'라고 이렇게 말하지 않는다.

왜냐하면 그 비구는 [바른 법에 대해] 이른바 오랜 세월 동안 사랑할 만하고, 즐겨할 만하며, 마음으로 생각할 만하기 때문이다. 비구야, 많이 행한 그는 곧 근심하거나 슬퍼하지 않고, 괴로워하지도 않으며, 울지도 않고, 가슴을 치면서 미친 증세를 일으키지도 않는다. 비구야, 이렇게 밖을 인하여 두려움이 없느니라."

중아함경 제54권 《200. 아리타경》

바른 법을 배우지 못한 어리석은 범부들은 신이나 세상, 자아 등이 실제로 존재한다고 주장한다. 그렇기 때문에 안으로는 '나'라는 것이 실재한다고 주장하고, 밖으로는 '신과 세상'은 영원하다고 주장한다.

그러나 부처님께서 "이러한 삿된 견해를 가지고 있는 어리석은 범부들이 바른 지혜를 성취한 여래나 여래의 제자를 만나 바른 법에 대해 듣게 되면, 그들은 가슴 치며 미친 증세를 일으킨다."라고 하셨다. 부처님의 가르침을 따르고자 하는 불자라면 거듭해서 마음에 새겨야 할 말씀이다.

각자가 스스로 자신에게 물어보라. 참된 불제자인 나만큼은 바른 법을 들었을 때 근심하고 슬퍼하며, 괴로워하고 울며, 가슴을 치면서 미친 증세를 일으키지 않을 자신이 있는지 말이다.

5) 12연기의 흐름에서 삼세양중인과를 이해하는 방법

설일체유부 철학의 근본은 법이 현실에 존재한다는 것이다. 그래서 '나는 공(我空)하지만 법은 실재(法有)한다.'는 견해를 주장한다. 즉 '나는 공하나 사람을 구성하고 있는 요소들은 항구적으로 존재한다(我空法有).'는 견해이다. 이러한 견해를 다른 표현으로 삼세실유(三世實有), 법체항유(法體恒有)라고 한다.

설일체유부의 논사들은 이러한 철학적 견해를 바탕으로 불교를 이해했다. 그래서 설일체유부 논사들은 '법의 나타남과 작용은 찰나적으로 나타났다가 사라질 뿐이지만 법의 근본 체성은 과거와 현세와 미래의 삼세를 통하여 실체로서 존재한다."라고 주장했다.

이렇게 설일체유부 논사들이 파악한 삼세에 대한 견해를 지금까지 불교계에서 차용하여 쓰고 있다.

설일체유부의 논사들이 파악한 십이연기의 삼세를 유전하는 순서를 보면 다음과 같다.

① 과거인(因)인 무명 · 행을 조건으로 하여
② 현재과(果)인 식 · 명색 · 육입 · 촉 · 수가 일어나고,
③ 현재인(因)인 애 · 취 · 유를 조건으로 하여
④ 미래과(果)인 생 · 노사가 일어난다는 것이다.

이러한 논리가 설일체유부의 논사들이 주장하는 견해인데, 이것이

바로 상견(常見) 논리이다. 알지도 못하는 과거 전생을 소급하여 과거 전생에 지은 무명의 업식이 있다고 추론할 수밖에 없는 논리이다. 이것은 12연기의 흐름을 가지고 알 수 없는 과거 업의 쌓임인 무명을 전제로, 끝없는 미래의 삶으로 전개되어 흘러간다는 논리로 결국 육사외도의 견해 중 숙명론에 해당된다.

부처님께서는 외도들이 주장하는 숙명론을 타파하기 위해 12연기법을 가르치셨는데 도리어 12연기법이 외도들이 주장하는 숙명론의 이론적 토대로 변질된 꼴이 되었다. 참으로 어처구니없는 노릇이다.

12연기법이라는 것은 현상을 빌려 표현한 것일 뿐 실재하는 법이 존재하는 것은 아니다. 부처님께서는 "내가 설한 법을 뗏목으로 알고, 강을 건넜으면 그 뗏목마저 버려라." 하셨는데 이러한 가르침과 설일체유부의 논사들의 논리는 상반될 수밖에 없다. 이러한 설일체유부 논사들의 불교관을 토대로 부처님이 가르치신 12연기법을 이해하는 이상, 절대로 상견에서 벗어날 방법이 없다.

그래서 필자는 설일체유부에서 주장하는 12연기의 삼세양중인과의 설과는 다른 견해를 주장하는 것이다.

필자가 파악한 12연기의 삼세 유전하는 순서는 다음과 같다.

① 현재의 인(因)인 애·취에 의해 미래과(果)인 유·생·노사의 조건이 일어난다.

② 애·취의 미래과였던 유·생·노사는 이미 현세의 인이 되어

미래과인 무명·행의 조건이 된다. → 이때는 [도표 4-1,: 애·취는 과거인, 도표 4-2: 유·생·노사는 현재과]가 된다.

③ 유·생·노사의 미래과였던 무명·행은 이미 현재의 인이 되어 미래과인 식·명색·육입·촉·수의 조건이 된다. → 이때는 [도표 6-1: 유·생·노사는 과거인, 도표 6-2: 무명·행은 현재과]가 된다.

④ 무명·행의 미래과인 식·명색·육입·촉·수는 이미 현재인이 되어 미래과인 애·취의 조건이 된다. → 이때는 [도표 8-1: 무명·행은 과거인, 도표 8-2: 식·명색·육입·촉·수는 현재과]가 된다.

⑤ 식·명색·육입·촉·수의 미래과인 애·취는 이미 현재인이 되어 미래과인 유·생·노사의 조건이 된다. → 이때는 [도표 2-1: 식·명색·육입·촉·수는 과거인, 도표 2-2: 애·취는 현재과]가 되는 것이다.

※도표에서 연기의 흐름을 인연과로 볼 때는 ①번을 예로 들어 설명하면 다음과 같다.

과거인(2-1) → 현재연(1) → 미래과(2)의 순으로 파악한다.

즉, 과거인(2-1)^{지나간 기억}인 식·명색·육입·촉·수를 조건으로 하여 현재연(1)^{지금}인 애·취가 일어나고, 현재연을 조건으로 하여 미래과(2)^{앞으로 생겨날}인 유·생·노사를 일어나게 한다고 파악한다.

삼세양중인과설을 전제로 연기의 흐름을 파악할 때는 다음과 같다.

십이연기의 흐름과 구성 요소

> 과거인(8-1) → 현재과(8-2) → 현재인(1) → 미래과(2)의 순으로 파악한다.
> 즉, 과거인(8-1)^{어리석음}인 무명 · 행을 조건으로 하여 현재과(8-2)^{현재인의 입장} ^{에서 보면 지나간 지금}인 식 · 명색 · 육입 · 촉 · 수가 일어나며 일어난 즉시 현재과(8-2)는 다시 현재인(1)^{지금}인 애 · 취의 조건이 되는 과거인으로 전환된다. 과거인으로 전환된 현재과(8-2)는 현재연(1)인 애 · 취를 일어나게 하며 이때는 미래과(2)인 유 · 생 · 노사를 일어나게 한다고 파악한다.
> 나머지의 연기의 흐름도 이와 같은 방법으로 파악하면 된다.

삼세양중인과의 일어남은 ①에서 시작해서 ④에서 일단락 맺는다. 그 후 다시 ⑤로 끝없이 상속되어 순환^{유전}하게 되는 것이다. 이러한 것은 인식의 상속됨을 개념화해서 나타낸 논리일 뿐이다.

이렇게 순환하면서 현재는 과거가 되고 미래는 현재가 되어 끝없이 상속되며 간단없이 순환하게 된다. 이러한 현상은 '나'라고 인식되는 육체와 정신이 함께 지속되는 현재의 삶 속에서 일어나는 현상일 뿐이다.

1. 그때 어떤 비구가 세존께 다가가서 절을 올리고 곁에 앉았다. 곁에 앉은 비구는 세존께 이렇게 말씀드렸다.

"세존이시여, 무슨 원인과 조건 때문에 여래가 설명하지 않은 것(無記事)에 대해서 잘 배운 성스러운 제자에게는 의심이 일어나지 않습니까?"

2. "비구여, 견해가 소멸하였기 때문에 여래가 설명하지 않은 것(無記事)에 대해서 잘 배운 성스러운 제자에게는 의심이 일어나지 않는다. 비구여, '여래는 사후에도 존재한다.'는 것은 단지 견해일 뿐이다. '여래는 사후에 존재하지 않는다.' 는 것은 단지 견해일 뿐이다. '여래는 사후에 존재하기도 하고 존재하지 않기도 한다.' 는 것은 단지 견해일 뿐이다. '여래는 사후에 존재하는 것도 아니고 존재하지 않는 것도 아니다.'는 것은 단지 견해일 뿐이다.

비구여, 배우지 못한 범부는 이러한 견해를 꿰뚫어 알지 못하고, 견해의 일어남을 꿰뚫어 알지 못하고, 견해의 소멸을 꿰뚫어 알지 못하고, 견해의 소멸로 인도하는 도 닦음을 꿰뚫어 알지 못한다. 그에게 이러한 견해는 강해진다. 그는 태어남·늙음·죽음에서 해탈하지 못하고, 근심·탄식·육체적 고통·정신적 고통·절망에서 해탈하지 못한다. 그는 괴로움에서 해탈하지 못한다고 나는 말한다.

비구여, 잘 배운 성스러운 제자는 이러한 견해를 꿰뚫어 알고 견해의 일어남을 꿰뚫어 알고, 견해의 소멸을 꿰뚫어 알고, 견해의 소멸로 인도하는 도 닦음을 꿰뚫어 안다. 그에게 이러한 견해는 소멸한다. 그는 태어남·늙음·죽음에서 해탈하고, 근심·탄식·육체적 고통·정신적 고통·절망에서 해탈한다. 그는 괴로움에서 해탈한다고 나는 말한다."

3. "비구여, 이렇게 알고 이렇게 보는 잘 배운 성스러운 제자는 '여래는 사후에도 존재한다.'는 것은 설명하지 않는다. '여래는 사후에 존재하지 않는다. …… 여래는 사후에 존재하는 것도 아니고 존재하지 않는 것도 아니다.'는 것도 설명하지 않는다.

비구여, 이와 같이 알고 이와 같이 보는 잘 배운 성스러운 제자는 여래가 설명하지 않은 것들에 대해서 설명하지 않게 된다. 이와 같이 알고 이와 같이 보는 잘 배운 성스러운 제자는 설명하지 않은 것들에 대해서 흔들리지 않고 동요하지 않고 떨지 않고 전율에 빠지지 않는다."

4. "비구여, '여래는 사후에도 존재한다.'는 것은 갈애에서 나온 것이고, 이것은 인식에서 나온 것이고 이것은 생각에서 나온 것이고, 사량 분별에서 나온 것이고, 이것은 취착에서 나온 것이고, 이것은 나중에 후회할 일이다. '여래는 사후에 존재하지 않는다.'는 것도 …… '여래는 사후에 존재하기도 하고 존재하지 않기도 한다.'는 것도 …… '여래는 사후에 존재하는 것도 아니고 존재하지 않는 것도 아니다.'는 것도, …… 나중에 후회할 일이다.

비구여, 배우지 못한 범부는 후회할 일을 꿰뚫어 알지 못하고, 후회할 일의 일어남을 꿰뚫어 알지 못하고, 소멸을 …… 소멸로 인도하는 도 닦음을 꿰뚫어 알지 못한다. 그의 후회할 일은 증가한다. 그는 태어남 · 늙음 · 죽음에서 해탈하지 못하고, 근심 · 탄식 · 육체적 고통 · 정신적 고통, 절망에서 해탈하지 못한다. 그는 괴로움에서 해탈하지 못한다고 나는 말한다.

비구여, 잘 배운 성스러운 제자는 이러한 후회할 일을 꿰뚫어 알고, 후회할 일의 일어남을 …… 소멸을 …… 소멸로 인도하는 도 닦음을 꿰뚫어 안다. 그에게 이러한 후회할 일은 소멸한다. 그는 태어남 · 늙음 · 죽음에서 해탈하고, 근심 · 탄식, 육체적 고통 · 정신적 고통, 절망에서 해탈한다. 그는 괴로움에서 해탈한다고 나는 말한다."

5. "비구여 이렇게 알고 이렇게 보는 잘 배운 성스러운 제자는 '여래는 사후에도 존재한다."는 것은 설명하지 않는다. 여래는 사후에 존재하지 않는다. …… 여래는 사후에 존재하기도 하고 존재하지 않기도 한다. …… 여래는 사후에 존재하는 것도 아니고 존재하지 않는 것도 아니다.'는 것도 설명하지 않는다.

비구여, 이와 같이 알고 이와 같이 보는 잘 배운 성스러운 제자는 여래가 설명하지 않은 것들에 대해서 설명하지 않게 된다. 이와 같이 알고 이와 같이 보는 잘 배운 성스러운 제자는 설명하지 않은 것들에 대해서 두려워 하지 않고 동요 하지 않고 떨지 않고 전율에 빠지지 않는다.

비구여, 이러한 원인과 이러한 조건 때문에 여래가 설명하지 않은 것에 대해서 잘 배운 성스러운 제자에게는 의심이 일어나지 않는다."

앙굿따라니까야 제4권 《설명하지 않음(無記)경》 439쪽

불교를 공부하며 수행하는 사람들에게 지금까지 풀지 못하는 숙제로 남아 있는 것이 부처님께서 열 가지 질문에 대해서 답하지 않은 것, 십사무기(十事無記)일 것이다.

부처님께서 답하지 않으신 열 가지 물음에 대해서 어리석은 범부들은 부처님이 그것에 대한 답변을 하더라도 단순히 괴로움을 소멸하는 데에는 아무런 도움이 되지 않기에 답변을 하지 않은 것으로 알고들 있다. 이러한 범부들의 어리석은 견해는 부처님께서 설하신 중도연기법에 대해 철저하고도 조직적으로 통찰하지 못한 결과에 기인한다.

중도연기법의 통찰은 삼법인^{무상·고·무아}의 증득으로 나타난다고 하셨다. 자아에 대한 취착심을 끊어 버린 성스러운 제자들이라면 어떻게 이런 허망한 인식에서 생겨난 열 가지의 물음을 부처님 면전에서 할 수 있겠는가?

이 열 가지 삿된 견해의 질문은 부처님 제자들이 부처님께 직접 물은 것이 아니고, 부처님 재세 시에 바라문이나 외도들이 부처님 견해를 반박하고자 제시했던 견해일 뿐이다.

그래서 《설명하지 않음경》에서 부처님께서는 이러한 열 가지 삿된 물음들은 '단지 갈애, 인식, 생각, 사량 분별, 취착에서 나온 견해일 뿐'이라고 하셨다. 이러한 삿된 견해를 주장하며 어리석음에 묶여 있는 이상 수행의 목표인 해탈 열반의 증득은 요원한 일이다. 어리석은 자들은 수행의 이룸을 얻지 못하고 허망한 견해에 의해 날로 괴로움만 쌓아 갈 뿐이다. 그래서 부처님께서 "이것은 나중에 후회할 일이다. 그의 후회할 일은 증가한다. 그는 괴로움에서 해탈하지 못한다고 나는 말한다."라고 하셨다.

2. 12연기의 구성 요소

1) 무명

어리석은 범부들은 "비구들이여, '이 이전에는 무명이 없었고, 이 이후에 생겼다.'라는 무명의 시작점은 꿰뚫어 알아지지 않는다고 말해진다."라는 경전의 문구를 인용하여 시작을 알 수 없는 것이 무명이며, 과거 전생의 알 수 없는 업들의 쌓임이 무명이라고 알고 있다. 그래서 그들은 무명을 없애려면 많은 시간 동안을 수행해야 하며 그렇지 않으면 깨달음의 기약도 요원하다고들 말한다.

이는 부처님의 가르침을 바르게 이해하지 못한 데서 기인한 어리석은 견해일 뿐이다. 무명이란 결코 극복하기 힘들고 어려운 족쇄가 아니다. 부처님께서는 "무명이란 정법에 대한 무지에서 기인한 것일 뿐이기 때문에 바른 수행을 통하여 지금 여기에서 없애 버릴 수 있는 것이다."라고 천명하셨다.

이때 존자 마하 구치라가 사리불에게 말하였다.

"물을 일이 있는데 혹 틈이 있으시면 저를 위해 설명해 주시겠습니까?"

사리불이 말하였다.

"당신의 물음을 따라 아는 대로 대답하겠습니다."

마하 구치라가 사리불에게 물었다.

"무명(無明)이라고 말들 하는데 어떤 것이 무명이며, 누구에게 그 무명이 있습니까?"

사리불이 대답하였다.

"무명이란 알지 못하는 것을 이르는 말이니, 알지 못하는 것이 곧 무명입니다."

"무엇을 알지 못하는 것이라고 합니까?"

"말하자면 색(色)은 무상(無常)한 것인데 색의 무상함을 사실 그대로 알지 못하고, 색은 사라지고 마는 법인데 색은 사라지고 마는 법임을 사실 그대로 알지 못하며, 색은 나고 멸하는 법인데 색은 나고 멸하는 법임을 사실 그대로 알지 못하는 것입니다. 수·상·행·식에 있어서, 수·상·행도 마찬가지이며, 식도 무상한 것임을 사실 그대로 알지 못하고, 식은 사라지고 마는 법인데 식이 사라지고 마는 법임을 사실 그대로 알지 못하며, 식은 나고 멸하는 법인데 식이 나고 멸하는 법임을 사실 그대로 알지 못하는 것입니다. 마하 구치라여, 이 오취온에 대해서 사실 그대로 알지 못하고, 보지 못하며, 빈틈없이 한결같음(無間等)이 없고, 어리석고 어두워 밝지 못하면 그것을 무명이라 하며, 이것을 바르게 알지 못하는 사람에게 '무명이 있다.' 고 합니다."

또 물었다.

"사리불이여, 밝음(明)이라고 말들 하는데, 어떤 것을 밝음이라 하며, 어떤 이에게 그 밝음이 있습니까?"

사리불이 대답하였다.

"마하 구치라여, 이른바 밝음이란 곧 아는 것이니, 잘 아는 것을 밝음이라고 말합니다."

"무엇을 아는 것입니까?"

"이른바 색이 무상함을 아는 것이니, 색의 무상함을 사실 그대로 아는 것입니다. 색은 닳아서 없어지는 법이니 색이 닳아서 없어지는 법임을 사실 그대로 알고, 색은 나고 멸하는 법이니 색이 나고 멸하는 법임을 사실 그대로 아는 것입니다. 수·상·행·식에 있어서, 수·상·행도 마찬가지며 식의 무상함을 사실 그대로 알고, 식은 닳아서 없어지는 법이니 식은 닳아서 없어지는 법임을 사실 그대로 알며, 식은 나고 멸하는 법이니 식은 나고 멸하는 법임을 사실 그대로 아는 것입니다.

구치라여, 이 오취온에 대해서 사실 그대로 알고 보며, 밝게 깨닫고 지혜로우며 빈틈없이 한결같으면 이것을 밝음이라고 하며, 이 법을 성취한 사람에게 '밝음이 있다'고 합니다."

잡아함경 제10권 《256. 무명경(無明經)①》

《무명경》에서 사리불 존자는 "어리석은 범부들이 정법^{삼법인─ 무상·고·무아}에 대해서 바르게 알지 못하는 것이 곧 무명입니다."라고 밝히셨다. 이러한 무명에 대해서 어리석은 자들은 "시작을 알 수 없는 어느 곳에서 무명이 생겨나, 그것으로 인해서 끝없이 윤회 전생한다."라는 논리를 펴고 있는데 참으로 어리석기 짝이 없다.

"만일 비구에게 모든 악하고 착하지 않은 법이 생긴다면, 그것은 다 무명(無明)이 근본이 된 것이고 무명이 원인이 된 것이며, 무명이 생겨나게 하는 것이요, 무명이 일으키는 것이니라. 왜냐하면, 무명이란 무지(無知)로서 착한 것과 착하지 않은 법을 사실 그대로 알지 못하고, 죄가 있고 죄가 없는 것, 하위법^{세간법}과 상위법^{출세간법}, 물든 것과 물들지 않은 것, 분별하는 것과 분별하지 못하는 것, 인연인 것과 인연이 아닌 것 등을 사실 그대로 알지 못하기 때문이다. 사실 그대로 알지 못하므로 삿된 견해를 일으키나니, 삿된 견해를 일으키면 삿된 사고·삿된 말·삿된 행위·삿된 생계·삿된 정진·삿된 마음챙김·삿된 선정이 일어나느니라.

또 만일 온갖 착한 법이 생긴다면 그것은 밝음(明)이 근본이 되기 때문이고 밝음이 원인이 되었기 때문이며, 밝음이 생겨나게 하는 것이요, 밝음이 일어나게 하는 것이니라. 왜냐하면 밝음은 착한 것과 착하지 않은 법을 사실 그대로 알고, 죄가 있고 죄가 없는 것, 친근한 것과 친근하지 않은 것, 저급한 법과 뛰어난 법, 더러운 것과 깨끗한 것, 분별 있는 것과 분별 없는 것, 인연인 것과 인연이 아닌 것 등을 사실 그대로 다 아는 것이니라.

사실 그대로 다 안다는 것은 곧 바른 견해를 이르는 말이다. 바른 견해 · 바른 사고 · 바른 말 · 바른 행위 · 바른 생계 · 바른 정진 · 바른 마음챙김 · 바른 선정을 일으키는 것이다."

잡아함경 제28권 《750. 무명경②》

부처님께서 무명이라는 것은 "바른 정법에 대해 무지함에서 생겨나는 것일 뿐이다."라고 하셨다. 바른 법을 알지 못한다는 것은 중도연기의 바른 통찰이 없다는 다른 표현이다. '모든 악하고 착하지 않은 법', '온갖 착한 법'은 인간관계에 있는 윤리 도덕적인 악하고 착한 것을 뜻하는 말이 아니다.

중도연기의 무상 · 고 · 무아를 증득함으로써 상견과 단견에 치우치지 않는 팔정도의 바른 행을 뜻하는 말이다. 이렇게 바르게 아는 것을 지혜 곧 통찰지라 한다. 하위법은 세상에서 인간관계를 착하고 바르게 가져가는 윤리 도덕적인 것을 말하며, 상위법은 세간의 관계를 끊고 출세간의 법의 증득^{팔정도의 나타냄}을 말한다.

2) 행

행이란 무명을 조건으로 하여 일어난 어리석은 행위의 쌓임을 말한다. 탐·진·치 삼독심을 조건으로 하여 자아에 취착하는 범부의 어리석은 삶의 연속성을 만들어 가는 원인을 제공한다. 행은 일반적으로 잠재 성향이라고도 한다.

행을 통하여 윤회가 일어난다. 여기서 윤회라 하는 것은 끝없이 돌고 도는 생을 말하는 것이 아니다. 생이라 하는 것은 자아 취착에서 생겨난 어리석은 견해를 말하는 것이다. 그러므로 윤회라 하는 것은 육신이 삶을 영위하는 동안 순간순간 자아 취착에서 일어나는 허망한 인식의 쌓임을 통하여 반복되어 나타나는 삶의 현상을 말하는 것이다.

이러한 삼독심을 끊어 내고 윤회에서 벗어나는 길은 계·정·혜 삼학의 수행^{팔정도}을 통하여 벗어나는 길밖에는 없다.

4. "고따마 존자는 업 지음 없음을 말하는 분^{도덕 부정론자}입니다."

"바라문이여, 한 가지 이유가 있으니 그 때문에 나에 대해 바르게 말하는 어떤 사람이 '고따마 존자는 업 지음 없음을 말하는 분^{도덕 부정론}

자입니다.'라고 말할지도 모른다. 바라문이여, 나는 업 지음 없음을 가르친다. 나는 몸으로 나쁜 행위를 저지르고 말로 나쁜 행위를 저지르고 마음으로 나쁜 행위를 저지르는 자에게 여러 가지 나쁜 불선법들을 짓지 말 것을 가르친다.

바라문이여, 이것이 그 이유이니, 그 때문에 나에 대해 바르게 말하는 어떤 사람이 '고따마 존자는 업 지음 없음을 말하는 분도덕 부정론자입니다.'라고 말하는 것이 틀림없다. 그러나 그대는 이것을 두고 말한 것이 아니다."

5. "고따마 존자는 단멸을 말하는 분단멸론자입니다."

"바라문이여, 한 가지 이유가 있으니. 그 때문에 나에 대해 바르게 말하는 어떤 사람이 '고따마는 단멸을 말하는 분단멸론자입니다.'라고 말할지도 모른다. 바라문이여, 나는 탐욕과 성냄과 어리석음의 단멸을 가르친다. 나는 여러 가지 나쁜 불선법을 단멸할 것을 가르친다.

바라문이여, 이것이 그 이유이니, 그 때문에 나에 대해 바르게 말하는 어떤 사람이 '고따마 존자는 단멸을 말하는 분단멸론자입니다.'라고 말한 것이 틀림없다. 그러나 그대는 이것을 두고 말한 것이 아니다."

앙굿따라니까야 제5권 《웨란자경》 92쪽

부처님께서 가르치신 중도연기법을 바르게 사고하지 못하면 부처님이 타파하신 상견론과 단견론에 빠지게 된다. 그래서 부처님은 극단적인 표현으로 외도의 단멸론을 타파하기 위해서 "나는 업 지음 없음을 가르친다." 하셨고, 또한 "나는 탐욕과 성냄과 어리석음의 단멸을 가르친다." 하면서 외도의 단멸론과는 차별적인 삼독심의 단멸에 대해서 말씀하셨다.

어느 때 부처님께서 바라내국의 녹야원에 계셨다.

그때 비가다로가 마을에 사는 어떤 바라문이 부처님께 찾아와 공손히 문안드린 뒤 물러나 한쪽에 앉아 부처님께 아뢰었다.

"세존이시여, 제게는 젊은 제자가 있습니다. 그는 천문(天文)과 족성(族姓)을 알아 대중을 위해 길흉을 점치는데, 있다고 말하면 반드시 있고, 없다고 하면 반드시 없으며, 이루어진다고 하면 반드시 이루어지고, 무너진다고 하면 반드시 무너집니다. 세존이시여, 당신은 어떻게 생각하십니까?"

부처님께서 바라문에게 말씀하셨다.

"당신의 젊은 제자가 천문과 족성을 안다는 것에 관해서는 일단 미루어 두고, 내가 이제 당신에게 묻겠으니 당신 생각대로 대답하십시오.

바라문이여, 당신은 어떻게 생각합니까? 색은 본래 종자가 없습니까?"

"그렇습니다. [색은 본래 종자가 없습니다.] 세존이시여."

"수·상·행·식은 본래 종자가 없습니까?"

"그렇습니다. [수·상·행·식은 본래 종자가 없습니다.] 세존이시여."

부처님께서 바라문에게 말씀하셨다.

"당신은 '나의 젊은 제자는 천문과 족성을 알아 대중을 위해 이렇게 말한다. 곧 있다고 하면 반드시 있고, 없다고 하면 반드시 없다.'고 말하지만, 그 알고 본 것은 진실한 것이 아니지 않습니까?"

"그렇습니다. [그 알고 보는 것은 진실한 것이 아닙니다.] 세존이시여."

부처님께서 바라문에게 말씀하셨다.

"당신은 어떻게 생각합니까? 혹 색으로서 백 년 동안 늘 머무르는 것이 있습니까? 아니면 다른 것이 생겨나고 달라져 소멸합니까? 수・상・행・식으로서 백 년 동안 늘 머무르는 것이 있습니까? 아니면 다른 것이 생겨나고 달라져 소멸합니까?"

바라문이 대답하였다.

"다른 것이 생겨나고 달라져 소멸합니다."

부처님께서 바라문에게 말씀하셨다.

"당신 생각에는 어떻습니까? 천문과 족성을 아는 당신의 젊은 제자가 대중을 위해 말한 것은 '이루어진 것은 무너지지 않는다.'는 견해와 다르질 않습니까?"

"그렇습니다. 다릅니다. 세존이시여."

부처님께서 바라문에게 말씀하셨다.

"당신 생각에는 어떻습니까? 내가 설한 이 법과 당신의 젊은 제자가 말한 저 견해 중에 어떤 것이 바릅니까?"

"세존께서 말씀하신 것이 바릅니다, 세존이시여. 말씀은 진리를 나타내고, 마음을 열어 줍니다. 마치 어떤 사람이 물에 빠졌을 때 그를 구해 주고, 길을 잃고 헤맬 때 길을 보여 구해 주며, 어둠 속에서 등불을 주는 것과 같습니다. 세존께서 오늘 잘 설명하신 훌륭한 법도 또한 그와 같아서 진리를 나타내고 마음을 열어 주십니다."

잡아함경 제2권 〈54. 세간경(世間經)〉

천문은 하늘의 이치를 말하는 것^{신의 섭리}이고, 족성이라는 것은 전생의 업을 조건으로 하여 어떠한 가문과 인연 지어 태어남을 말하는 것^{숙명론}이다.

《세간경》에서 바라문이 부처님께 주장하는 것은 '전생의 자아가 실제로 있고, 전생에 지은 업의 인과로 인해서 금생이나 내생에 반드시 그 결과를 받는다.'는 것이다. 이에 대해 부처님께서 "나라고 하는 것은 무상하고, 고이고, 무아이며 또한 생겨나고 달라져 소멸하는 것일 뿐인데, 무엇을 종자로 하여 그러한 전생과 그 업의 결과와 금생 혹은 내생의 업의 결과를 확정적으로 표현할 수 있겠는가?"라고 외도의 주장에 대해 논박하셨다.

이것만 보더라도 업과 윤회는 현재 자신의 몸을 가지고 경험 지은 것을 바탕으로 일어난 현상들을 표현한 것뿐이지, 실재하는 것^{나, 내 것, 나의 자아}이 있어서 그러한 것^{업·윤회·전생·신·삼세 등}들을 부처님께서 가르치신 것이 아니라는 것을 알 수 있다.

십이연기의 흐름과 구성 요소

3) 식

식이란 행을 조건으로 하여 일어난 알음알이를 말한다. 알음알이의 쌓임을 통해 인식의 연속성을 부여하는 것이 재생연결식이다.

식은 잠재 성향의 원인이고 재생연결식을 발생시키는 원인이기도 하다. 이 알음알이로 인해 '나, 내 것, 나의 자아'라는 취착심이 생겨나는 것이다.

식은 모든 개념의 토대이다.

21. "알음알이를 조건으로 정신수·상·행·식 물질색이 있다고 말하였다. 아난다여, 알음알이를 조건으로 정신·물질이 있다는 이것은 다음과 같은 방법으로 알아야 한다. 아난다여, 만일 알음알이가 모태에 들지 않았는데도 정신·물질이 모태에서 발전하겠는가?"

"아닙니다. 세존이시여."

"아난다여, 알음알이가 모태에 들어간 뒤 잘못되어 버렸는데도 정신·물질이 [오온을 구비한] 그러한 상태를 생기게 하겠는가?"

"아닙니다. 세존이시여."

"아난다여, 알음알이가 동자나 동녀와 같은 어린아이일 때 잘못되어 버렸는데도 정신·물질이 향상하고 증장하고 번창하겠는가?"

"아닙니다. 세존이시여."

"아난다여. 그러므로 이것이 바로 정신·물질의 원인이고, 근원이고, 기원이고, 조건이니 그것은 다름 아닌 알음알이이다."

22. "정신·물질을 조건으로 알음알이가 있다고 말하였다. 아난다여, 정신·물질을 조건으로 알음알이가 있다는 이것은 다음과 같은 방법으로 알아야 한다. 아난다여, 만일 알음알이가 정신·물질에 확립됨을 얻지 못하였는데도 미래에 태어남과 늙음·죽음과 괴로움의 일어남이 생긴다고 천명할 수 있겠는가?"

"그렇지 않습니다. 세존이시여."

"아난다여, 그러므로 이것이 바로 알음알이의 원인이고, 근원이고, 기원이고, 조건이니, 그것은 다름 아닌 정신·물질이다. 아난다여, 이와 같이 하여 태어나고 늙고 죽고 죽어서는 다시 태어나는 것이다. 이러한 알음알이와 정신·물질의 상호 조건에 의해 이름 짓는 토대가 생기고, 어원에 입각한 언어의 토대가 생기고, 개념을 얻는 토대가 생기고, 통찰지의 영역이 생기며, 이 알음알이와 정신·물질의 상호 조건에 의해 윤회는 전개되는 것이다. 정신·물질은 알음알이와 더불어 오온의 이러한 상태를 천명하기 위한 것이다."

디가니까야 제2권 《대인연경》 135쪽

"알음알이를 조건으로 정신·물질이 있다."라고 한 것은 식^{알음알이}과 몸^{육체}·정신(名色)은 서로서로 의지해야만 인식될 수 있는 것이지, 둘이 따로따로 떨어져서 성립될 수 있는 것이 아니다. 식알음알이은 몸을 빌리지 않고서는 생겨날 수 없고, 몸 역시도 식알음알이을 빌리지 않고서는 몸이라고 인식될 수가 없다.

그래서 12연기의 각지에서 식이 먼저 표기 되었고, 바로 뒤에 명색이 표기되었다고 해서 '식이 명색을 우선한다.'라고 하든지 '명색이 식을 뒤따른다.'라는 선후 개념을 가지고 연기를 파악한다면, 이 식은 남방불교 논사들이 주장하는 재생연결식의 의미로 받아들여져서 숙명론 · 신에 의한 창조론 · 우연발생론의 삿된 견해로 빠져 버리게 된다.

어리석은 범부들은 연기의 각지를 설명할 때 "식재생연결식이 있기 때문에 몸을 받게 되었노라."라고 주장하고 있는데, 이러한 주장이 성립되려면 반드시 전생과 업의 과보, 신의 섭리라는 것을 상정할 수밖에 없게 된다.

앞서 제1장 중도연기 단원에서도 논했듯이 부처님께서는 신 · 영혼 없음을 철저히 주장하셨고, 업 지음 없음도 주장하셨다. 이러한 것을 전제로 알음알이와 육체 · 정신(名色)의 관계를 파악해야만 허망한 논리에 빠지지 않게 된다.

만약 식알음알이만이 존재하고 육신몸을 갖추지 못했다면 무엇을 전제로 식을 상정할 수 있겠는가? 또한 육신이 형성되는 조건을 다 갖추고 육신을 구족했지만 그 식을 발생하는 조건을 만나지 못했다면 무엇으로 육신이 있다는 것을 확인할 수 있겠는가? 그래서 식이 있어야만 몸이 있다고 상정할 수 있는 것이다.

그러므로 이렇게 식과 육체·정신을 상정할 때는 오온의 생성과 소멸에 대해서 또렷하게 알지 못하면 둘이 서로서로 조건으로 하여 일어나는 현상을 밝게 알 수 없게 된다. ※오온의 발생과 소멸에 대해서는 제2장 6. 오온과 오취온 참조

"알음알이가 모태에 들지 않았다."라고 함은 스스로 인식할 수 있는 조건을 갖추지 못했다는 말이고, "정신·물질(名色)이 모태에서 발전하겠는가?"라는 것은 인식의 조건 지음을 만나지 못했으니 당연히 정신·물질(名色)이 모태에서 발전할 수 없다는 말이다.

부처님께서 까시의 맛치까상다에 있는 암바따까 숲에서 여러 제자들과 함께 계시던 어느 날, 찟따 장자가 상좌 비구들에게 문안하고 물었다.

"세상에는 다양한 견해가 있어서 '자아'가 있다고 말하고, 혹은 중생을 말하며, 혹은 수명을 말하고, 세상의 길흉을 말하기도 합니다. 이러한 모든 생각들은 무엇을 근본으로 하고 무엇이 원인입니까?"

이때 아시닷따 비구가 그에게 대답하였다.

"장자여, 그러한 소견들은 자기 육신이란 견해, 즉 신견(身見)을 근본으로 말하느니라."

"존자시여, 무엇을 신견이라 합니까?"

"장자여, 어리석은 범부들은 육신색을 자아로 생각하거나, 자아가 육신을 거느리는 것으로 생각하거나, 육신이 자아 속에 있다고 생각하거나, 자아가 육신 속에 있는 것으로 생각한다. 마음수·상·행·식을 자아로 생각하거나 자아가 마음을 거느리는 것으로 생각하거나 마음이 자아 속에 있다고 생각하거나 자아가 마음속에 있는 것으로 생각한다. 이것을 신견이라고 한다."

"존자시여, 어떻게 하면 신견을 없앨 수 있나이까?"

"지혜로운 제자는 육신은 자아라고 생각하지 않고, 자아가 육신을 거느리는 것으로 생각하지 않으며, 육신이 자아 속에 있다고 생각하지 않으며, 자아가 육신 속에 있는 것으로 생각하지 않으며, 자아가 육신 속에 있는 것으로 생각하지 않는다. 자아가 다르다고도 보지 않으며, 자아 안에 육신이 있다거나 육신 안에 자아가 있다고도 보지 않는다. 자아와 다르다고도 보지 않으며, 자아 안에 육신색이 있다거나 육신색 안에 자아가 있다고도 보지 않는다. 마음수·상·행·식에서도 마찬가지니라. 이것을 신견을 없애는 길이라 하느니라."

잡아함경 제21권 《570. 이서달다경》

부처님께서 어리석은 범부들은 오직 실체 없는 오온의 모임인 몸에 대해 중생이라는 생각을 일으켜 '내가 이 세상에 태어났다.'는 주장을 하게 된다고 하셨다. 여기서 '태어났다'는 것은 곧 자아에 대해서 취착함으로써 나라고 스스로 인식할 수 있게 됨을 말한다.

이렇게 '나'라고 스스로 인식할 수 있도록 조건이 되는 것유—자아 취착을 모태라 한다. 이 인식의 모태정신·물질이 일어날 수 있게 되는 것를 통해서 '나'라고 천명할 수 있으며 '내가 태어났다생(生).'라는 어법이 성립된다. '유(有)'의 상태에서 생을 천명할 수 있는 조건 지음이 갖추어진다면 언제든지 '생(生)'이라고 바로 천명할 수 있게 된다. 여기서 모태라는 것은 연기의 각지 중에 유(有)에 해당한다고 이해해야 한다.

9연기의 흐름을 파악하는 방법에서도 언급했듯이 '태어났다'는 것은 유를 조건으로 하여 일어나는 것인데 유, 즉 존재유(有)라는 인식이 없는데 어떻게 몸으로 태어남을 천명할 수 있겠는가? 부처님께서 "알음알이가 모태에 들지 않았는데도 정신·물질(名色)이 어떻게 모태에서 발전하겠는가?"라고 하셨다.

"알음알이가 동자나 동녀와 같은 어린아이일 때 잘못되어 버렸는데도 정신·물질(名色)이 향상하고 증장하고 번창하겠는가?"라는 것은 유를 조건으로 하여 생이 일어나는데 자아를 인식하는 어린아이가 뇌에 질병이 생기거나 외부의 사고에 의해 뇌 손상을 입게 된다면 그런 어린아이가 사고가 난 후에 어떻게 자기의 몸을 자기라고 인식할 수 있겠는가 말이다. 즉 자기가 인식하고 있는 몸조차도 자아라고 알지 못하는 어린아이에게 식알음알이의 증장을 기대할 수 없다는 말이다.

부처님께서는 "만일 알음알이가 정신·물질(名色)에 확립됨을 얻지 못하였는데도 미래에 태어남과 늙음·죽음과 괴로움의 일어남이 생긴다고 천명할 수 있겠는가?"라고 하셨다. 그래서 뇌의 손상을 입은 사람은 앞으로 일어나는 그의 삶에 대해서 무엇으로도 인식하거나 논할 수 없게 된다는 말이다.

   《대인연경》을 통해서 부처님이 가르치고자 했던 것은 모든 연기의 각지는 언어적 표현이고, 개념일 뿐이며, 윤회로 나아가게 하는 현상을 통찰하는 방법이고, 오온의 생성과 소멸에 대한 것을 지혜롭게 살피라는 것이다.

   20. "세존이시여, 그러면 인식이 먼저 생기고 그 다음에 지혜가 생깁니까, 아니면 먼저 지혜가 생기고 그 다음에 인식이 생깁니까, 아니면 인식과 지혜가 전도 후도 없이 동시에 생깁니까?"

   "뽓타빠다여, 인식이 먼저 생기고 그 다음에 지혜가 생긴다. 그러나 인식이 생기면 지혜도 반드시 생긴다. 그는 이와 같이 꿰뚫어 안다. '참으로 이것에 조건 지어져 나의 지혜는 생긴다.'라고. 뽓타빠다여, 조건 지어져 생긴다는 이런 방식을 통해서 '인식이 먼저 생기고 다음에 지혜가 생긴다. 그러나 인식이 생기면 지혜도 반드시 생긴다.'라고 알아야 한다."

디가니까야 제1권 《뽓타빠다경》 471쪽

《뽓타빠다경》에서 보는 바와 같이 어리석은 범부들은 인식[지식]과 지혜[통찰지]가 다른 줄 알고 있다. 그래서 지식을 버리고, 지혜를 얻으려고 열심히 수행 정진하고 있다. 이러한 무지는 지식과 지혜가 함께하고 있음을 모르기 때문이다. 부처님의 바른 법에 또렷하지 못하면 단순히 법을 듣고 아는 지식을 가진 자[선한 범부]가 될 뿐이고, 부처님의 바른 법에 또렷한 자는 성인[지혜로운 자, 출세간자—사쌍, 팔배]이 된다.

※사쌍, 팔배 — 네 쌍의 성인, 수다원도(예류도) 수다원과(예류과), 사다함도(일래도) 사다함과(일래과), 아나함도(불환도) 아나함과(불환과), 아라한도 아라한과의 여덟 무리를 말함.

지혜라는 것이 따로 있는 것이 아니고, 바른 법을 많이 듣고 사고하고 행함으로써 증득하게 되는 것이다. 지식만을 가진 자는 개념에 취해 있기 때문에 자신도 이롭게 하지 못하고 남도 이롭게 하지 못한다. 그러나 지혜를 증득한 자는 자신도 이롭게 하고 남도 이롭게 한다.

부처님께서 말씀하신 지혜라는 것은 세간의 옳고 그름을 분별하는 것을 뜻하는 것이 아니라, 출세간의 법[팔정도·중도연기법]을 또렷하게 통찰함을 말한다. 그래서 부처님께서 "농부가 벼농사를 짓는 이유는 알곡[지혜—중도연기법]을 수확하려고 농사를 짓는 것이지, 볏짚[지식, 개념—세상의 윤리 도덕]이 필요하기 때문에 짓는 것이 아니다. 설사 알곡을 수확하지 못한다 하더라도 볏짚은 얻게 되는 것이다."라고 하셨다.

이 말씀은 어리석은 범부들이 바른 법을 듣고 수행함으로써 해탈 열반은 증득하지 못하더라도 현세의 삶은 괴로움 없이 행복하고 편안하게 살 수 있게 된다는 것이다.

4) 명색

명색은 식을 조건으로 하여 일어난 정신과 물질을 말한다. 명색은 오온몸, 느낌, 인식, 의도적 행위, 알음알이이라고도 한다. '나'라고 인식되는 몸은 정신과 물질로 구성되어 있다. 정신과 물질을 '정신의 몸', '육체의 몸'이라고도 한다. 정신과 물질은 서로서로 의지하여 존재하는 것이지 따로 떨어져서는 존재할 수 없는 것이다.

인간의 몸명색의 구성 요소 중 감각 대상을 접촉하여 느낄 수 있는 바탕이 되는 부분을 나타낼 때는 육근안·이·비·설·신·의이라 한다. 몸명색의 구성 요소 중 감각 대상을 접촉하여 느낄 수 있는 바탕이 되는 부분, 즉 육근을 전제로 하여 인식이 일어나는 순서를 나타낼 때는 오온색·수·상·행·식이라 한다.

구분	색(물질)	명(정신)
몸	육체의 몸	정신의 몸
육근	안·이·비·설·신	의
오온	색	수·상·행·식

3. "아난다여, 이처럼 정신·물질을 조건으로 하여 알음알이가, 알음알이를 조건으로 하여 정신·물질이, 정신·물질을 조건으로 하여 육입이, 육입을 조건으로 하여 감각 접촉이, 감각 접촉을 조건으로 하여 느낌이, 느낌을 조건으로 하여 갈애가, 갈애를 조건으로 하여 취착이, 취착을 조건으로 하여 존재가, 존재를 조건으로 하여 태어남이, 태어남을 조건으로 하여 늙음·죽음과 근심·탄식·육체적 고통·정신적 고통·절망이 있다. 이와 같이 전체 괴로움의 무더기가 있다."

디가니까야 제2권 《대인연경》 120쪽

부처님께서는 "명색을 조건으로 하여 식이, 식을 조건으로 하여 명색이 일어난다."라고 분명히 밝히고 있다. 어떤 이들은 명색이라는 한자 단어를 그대로 풀어서 '이름과 물질'이라고 해석하는데 이는 연기의 흐름상 적합하지 않은 표현이다.

남방불교에서는 식이 명색 앞에 나와 있기 때문에 명색을 식을 제외한 네 가지 요소색·수·상·행 라고 주장한다. 이러한 주장은 삼세양중인과설을 전제로 자기들의 견해를 합리화시키기 위해 주장한 것이다.

물론 부처님의 가르침과는 거리가 먼 견해일 뿐이다. 왜냐하면 정신과 물질은 뗄 수 없는 관계인데 식을 제외한 정신·물질을 주장한다는 것은 논리에도 맞지 않기 때문이다.

5) 육입

육입은 명색을 조건으로 하여 일어난 여섯 가지 감각 대상의 장소를 말한다.

육입^{안입}·이입·비입·설입·신입·의입을 육입처라고 한다.

육입이 명색을 조건으로 하여 일어나기 위해서는 명색을 육근으로 나타내야 한다. 그래야 여섯 가지 감각 대상들인 육경^{색·성·향·미·촉·법}이 인식 작용의 바탕이 되는 육근^{안·이·비·설·신·의}에 작용할 수 있기 때문이다. 왜냐하면 육경이 육근을 접촉하지 못하면 육입처가 일어나지 못하고 따라서 인식도 일어날 수 없기 때문이다.

"어떤 것을 법^{고성제}에 대해 사실 그대로 알지 못하고 어떤 것이 법의 발생^{고집성제}·법의 소멸^{고멸성제}·법의 소멸에 이르는 도 닦음^{고멸도성제}에 대해 사실 그대로 알지 못한다는 것인가? 육입처(六入處)라는 법에 대해 사실 그대로 알지 못하고, 육입처의 발생·육입처의 소멸·육입처의 소멸에 이르는 도 닦음에 대해 사실 그대로 알지 못하는 것을 이르는 말이다. 이러고도 접촉(觸)을 사실 그대로 안다는 것은 있을 수 없는 일이며, 촉의 발생·촉의 소멸·촉의 소멸에 이르는 도 닦음에 대해 사실 그대로 안다는 것은 있을 수 없는 일이니라. 이와 같이 느낌·애욕·취함·존재·태어남·늙음·죽음에 대해 사실 그대로 안다는 것도 있을 수 없는 일이니라."

잡아함경 제14권 《353. 사문바라문경》

그런데 육입처는 단순히 육근과 육경의 접촉을 뜻하는 것이 아니다. 육근과 육경이 접촉하여 인식이 일어나게 되는 것^{삼사화합된} 촉을 갖추어야 비로소 육입처라 이름 할 수 있게 된다. 따라서 육근이나 육경 중 각각의 요소들이 접촉을 일으킬 수 있는 조건^{인식}을 갖추지 못하면 육입처는 일어날 수 없게 된다.

부처님께서 기원정사에 계실 때, 사리뿟따가 비구들에게 말했다.
"만약 내적 감각기관인 눈이 상하고 외부의 물질적 형체가 빛을 받지 못하면, 그것에 주의를 기울이지 않게 되어서 눈의 분별이 일어나지 못합니다. 그러나 눈이 상하지 않았고 외부의 물질적 형체가 빛을 받아 눈이 볼 수 있는 일정한 영역 안에 있으면서 감각적 인상을 받게 되면 그것에 주의를 기울이게 되어 '본다'는 눈의 인식이 일어납니다. 눈과 대상과 안식이 외부의 물질적 형체를 인지하고 그것을 집착하면 물질적인 것에 대한 집착의 쌓임이라고 합니다."

중아함경 제7권 《30. 상적유경》

눈의 기능이 상실되어 형체와 색깔을 볼 수 없게 되면 눈으로 인한 감각 장소는 일어날 수 없게 된다. 또한 눈의 기능은 정상이지만 빛이 없는 어두운 장소에서 물건이나 색깔을 볼 수 없게 된다면 눈으로 인한 감각 장소는 일어날 수 없게 된다.

감각 장소가 일어날 수 없게 되면 당연히 인식 작용도 일어날 수 없게 되는 것이다.

그러므로 육입이 12처로 일어나기 위해서는 인식이 전제되어야 한다.

이때 웃달라라는 젊은 사람이 있었는데, 그는 마하비라(니간타 나따뿟따)의 제자였다. 그는 부처님 계신 곳에 나아가 공손하게 문안 인사를 드린 뒤에 한쪽에 물러나 앉았다. 이때 세존께서 웃달라에게 말씀하셨다.

"너희 스승 마하비라는 너희에게 모든 감각기관(根)을 닦으라는 말을 하더냐?"

웃달라가 대답하였다.

"말씀하셨습니다. 세존이시여."

부처님께서 웃달라에게 말씀하셨다.

"너의 스승 마하비라는 모든 감각기관을 닦는 것을 어떻게 말하더냐?"

웃달라가 부처님께 아뢰었다.

"저희 스승 마하비라는 '눈으로 빛깔을 보지 않고 귀로 소리를 듣지 않는 것이 모든 감각기관을 닦는 것이다.'라고 말씀하셨습니다."

부처님께서 웃달라에게 말씀하셨다.

"만일 너의 스승 마하비라의 말과 같다면 장님이라야 감각기관을 닦을 것이 아닌가? 왜냐하면 오직 장님만이 눈으로 빛깔을 보지 못하기 때문이다."

그때 세존의 뒤에서 부채로 부처님을 부쳐 드리고 있던 존자 아난이 웃달라에게 말하였다.

"마하비라의 말과 같다면 귀머거리라야 감각기관을 닦을 것이 아닌가? 왜냐하면 오직 귀머거리만이 귀로 소리를 듣지 못하기 때문이다."

그때 세존께서 존자 아난에게 말씀하셨다.

"그것은 현성(賢聖)의 법(法)과 율(律)에서 모든 감각기관을 위없이 닦는 것과는 다르니라."

잡아함경 제11권 《282. 제근수경(諸根修經)》

어리석은 범부들은 스스로 수행을 하거나 남한테 가르칠 때 '보되 보지 말고 듣되 듣지 말며 생각이 일어나면 생각마저 없애라.'라고 말한다. 이렇게 수행하는 것은 부처님이 가르치신 수행법이 아니다. 부처님의 가르침은 "바르게 보되 묶이지 말고, 바르게 듣되 묶이지 말며, 바르게 생각하되 삿된 생각으로 흘러가지 않도록 하라."고 하셨다.

그래서 부처님께서 "어리석은 자들은 '나는 비구다, 나는 비구다.'라고 한다. 하지만 그가 탐욕에 빠져서 계율 공부와 마음공부와 지혜 공부를 왕성하게 배워 익히지 않고 대중을 따르면서 '나는 비구다, 나는 비구다.'라고 스스로 외친다 하더라도 그는 실로 비구와는 거리가 멀다."라고 하셨다.

부처님께서 게송으로 말씀하셨다.

뿔 없는 짐승이나 발굽은 같으며
네다리와 우는 소리는 갖추었기에
크게 무리 지어 다니는 소 떼를 따르며
같은 무리라고 언제나 스스로 생각하네.
그러나 생김새도 소와는 같지 않고
또한 능히 소 울음소리도 내지 못하네.

그와 같이 저 어리석은 사람은
마음을 한곳에 매어 두지 못하고
선서의 가르침과 훈계를 따라

부지런히 방편 정법을 쓰려는 마음 없이

게으름 피우고 마음으로 거만 부리면

위없는 큰 도를 거두지 못하리니.

마치 저 나귀가 소 떼 속에 있지만

소와는 그 거리 스스로 먼 것처럼

비록 그가 승가 무리를 따라다니나

그 마음과 행동은 언제나 어긋나네.

잡아함경 제29권 《828. 여경》

    인식이 육근을 감각 대상으로 접촉하면 육내입처^{안처·이처·비처·설처·신처·의처}가 일어나며, 인식이 육경을 감각 대상으로 접촉하면 육외입처^{색처·성처·향처·미처·촉처·법처}가 일어나게 된다.

① 육근(안·이·비·설·신·의) → 내입처(안처·이처·비처·설처·신처·의처)

② 육경(색·성·향·미·촉·법) → 외입처(색처·성처·향처·미처·촉처·법처)

6) 촉

촉은 육입을 조건으로 하여 일어난 감각 접촉^{삼사화합된 촉}을 말한다.

육근과 육경과 육식의 세 가지가 화합된 것을 삼사화합된 촉이라 한다. 이렇게 삼사화합된 촉이 육근과 육경과 육식에 각각 작용해야만 18가지 경계가 일어난다. 이렇게 일어난 18가지 경계를 18계라고도 하며, 18가지 구성 요소를 뜻한다.

그래서 이러한 18가지 경계가 안으로 밖으로 작용하여 갈망으로 나타나는 것이 36가지 인식들이라 한다. 이와 같이 18가지 경계가 안으로 밖으로 작용하여 과거의 인식들[36가지], 미래의 인식들[36가지], 현재의 인식들[36가지]로 작용하여 그 갈망이 끊임없이 일어나는 것을 불교에서는 108번뇌라 한다.

① 의식이 육근에 작용하면 안계 · 이계 · 비계 · 설계 · 신계 · 의계,

② 의식이 육경에 작용하면 색계 · 성계 · 향계 · 미계 · 촉계 · 법계,

③ 의식이 육식에 작용하면 안식계 · 이식계 · 비식계 · 설식계 · 신식계 · 의식계라 한다.

"세존께서 마건제의 물음에 대답하신 게송은 다음과 같습니다.

일체의 모든 흐름(流)을 끊고

그 흐름의 근원을 막고자 하면서
마을 사람들과 가까이 지내는 것
깨달은 분은 칭찬하지 않네.

다섯 가지 욕심을 완전히 비우면
다시는 돌이켜 채울 일 없나니
세상 사람들과 다투어 말하는 것
끝끝내 다시금 하는 일 없으리.

존자 마하 가전연이시여, 이 게송에는 어떤 뜻이 있습니까?"
존자 마하 가전연이 장자에게 대답하였다.
"눈(眼)의 흐름이란, 안식(眼識)이 탐욕을 일으키면 안계(眼界)에 의지해 탐욕이 흘러나오기 때문에, 흐름이라 합니다. 귀(耳)·코(鼻)·혀(舌)·몸(身)도 마찬가지며, 뜻(意)의 흐름이란, 이른바 의식(意識)이 탐욕을 일으키면 의계(意界)에 의지해 탐하는 의식이 흘러나오기 때문에, 흐름이라 합니다."
장자가 다시 존자 마하 가전연에게 물었다.
"어떤 것을 흐르지 않음이라 합니까?"
존자 가전연이 장자에게 말했다.
"이른바 안식(眼識)과 안식에 의해 인식되는 빛깔(色)에 의지해 사랑과 기쁨이 생깁니다. 만일 그것이 다하고 탐욕이 없으며, 멸하고 쉬고 사라지면 이것을 흐르지 않음이라 합니다. 귀·코·혀·몸도 마찬가지며, 뜻과 의식(意識)과 의식에 의해 인식되는 법(法)에 의지해 탐욕이 생깁니다. 만일 그것이 다하고 탐욕이 없으며, 멸하고 쉬고 사라지면 이것을 흐르지 않음이라 합니다."

잡아함경 제20권 《551. 하리경(訶梨經)①》

"일체의 모든 흐름"이라 하는 것은 세상오온에 대하여 자아 취착심오취온을 가지고 탐·진·치에 물든 삶을 살아가는 것을 말한다.

"흐르지 않음"이라는 것은 삶을 살아가는 데 자아 취착을 끊고 삼독심탐·진·치을 돌려 팔정도계·정·혜의 행위로 나타냄을 말한다.

이것이 바로 "업의 흐름윤회을 끊고, 업 지음 없음윤회 없음, 해탈의 삶을 살아가라."라는 부처님의 가르침이다.

7) 수

수는 촉삼사화합된 촉을 조건으로 하여 일어난 느낌을 말한다. 느낌에는 즐거운 느낌, 괴로운 느낌, 즐겁지도 괴롭지도 않은 느낌의 세 가지가 있다.

이러한 세 가지의 느낌은

① 세간의 세 가지 느낌 — 즐거운 느낌 · 괴로운 느낌 · 즐겁지도 괴롭지도 않은 느낌
② 출세간의 세 가지 느낌 — 즐거운 느낌 · 괴로운 느낌 · 즐겁지도 괴롭지도 않은 느낌으로 나누어 표현한다.

세간의 세 가지 느낌이라 하는 것은 오온에 대하여 취착함으로써 생겨난 느낌을 말하고, 출세간의 느낌이란 오온의 취착심을 소멸시킴으로써 일어나는 느낌을 말한다.

이때 삼미리제 비구가 부처님 계신 곳으로 찾아와 부처님 발에 머리를 조아리고 한쪽에 물러나 앉아서 부처님께 여쭈었다.

"세존이시여, 세간(世間)이라고 말하는데 왜 세간이라고 합니까?"

부처님께서 삼미리제에게 말씀하셨다.

"이른바 눈 · 빛깔 · 안식(眼識) · 안촉(眼觸)과 안촉을 인연하여 생기는 느낌인 괴롭거나 즐겁거나 괴롭지도 즐겁지도 않은 안의 감각, 그리고 귀 · 코 · 혀 · 몸도 마찬가지이며, 뜻 · 법 · 의식(意識) · 의촉(意觸)과 의촉을 인연하여 생기는 느낌인 괴롭거나 즐겁거나 괴롭지도 즐겁지도 않은 안의 감각, 이런 것들을 세간이라고 하느니라. 그 까닭은 육입처(六入處)가 발생하면 곧 감촉(觸)이 발생하나니, 이와 같이 나아가 순전하고 큰 괴로움의 무더기가 발생하기 때문이니라.

삼미리제야, 만일 저 눈이 없고 빛깔이 없으며, 안식이 없고 안촉이 없으며, 안촉을 인연하여 생기는 느낌인 괴롭거나 즐겁거나 괴롭지도 즐겁지도 않은 안의 감각이 없다면, 귀·코·혀·몸도 마찬가지이며, 뜻·법·의식·의촉과 의촉을 인연하여 생기는 느낌인 괴롭거나 즐겁거나 괴롭지도 즐겁지도 않은 안의 감각이 없다면, 세간도 없고 또한 세간을 시설하지도 않을 것이니라. 그 까닭은 육입처가 소멸하면 감촉이 곧 소멸하며, 이와 같이 나아가 순전하고 큰 괴로움의 무더기가 소멸하기 때문이니라."

부처님께서 이 경을 말씀하시자, 여러 비구들은 부처님의 말씀을 듣고 기뻐하며 받들어 행하였다.

잡아함경 제9권 《230. 삼미리제경(三彌離提經)》

육입처가 소멸한다는 것은 몸육체·정신(名色)이 무너져 소멸죽음했기 때문에 육입처가 소멸했다고 표현한 것이 아니다. 몸육체·정신(名色)의 발생과 소멸에 대해 또렷하게 통찰했기 때문에 오온에 대해 자아 취착심이 끊어졌고, 자아 취착심이 끊어진 결과 육입처가 소멸되었다는 것이다.

단순히 '몸이 소멸했기 때문에 육입처가 소멸했다.'는 논리를 편다면 몸을 가지고 있는 이상 절대로 깨달음을 증득할 수 없다는 논리가 된다. 그렇다면 "지금 여기에서 몸을 가지고 해탈을 이룬다."는 부처님의 가르침과도 어긋나는 것이다.

《삼미리제경》에서 육입처의 소멸이라는 것은 단순히 육신의 소멸을 의미하는 것이 아니라 육신에 집착하는 취착심나·내것·나의자아의 소멸을 뜻하는 것이다.

1. "비구들이여, 여섯 가지 경우는 있을 수 없다. 무엇이 여섯인가?"
2. "견해를 구족한 사람이 즐거움과 괴로움은 자신이 만든 것이라는 '견해'로 되돌아간다는 것은 있을 수 없다.

견해를 구족한 사람이 즐거움과 괴로움은 남이 만든 것이라는 '견해'로 되돌아간다는 것은 있을 수 없다.

견해를 구족한 사람이 즐거움과 괴로움은 자신이 만든 것이기도 하고 남이 만든 것이기도 하다는 '견해'로 되돌아간다는 것은 있을 수 없다.

견해를 구족한 사람이 즐거움과 괴로움은 자신이 만든 것이 아닌 우연히 발생한 것이라는 '견해'로 되돌아간다는 것은 있을 수 없다.

견해를 구족한 사람이 즐거움과 괴로움은 남이 만든 것이 아닌 우연히 발생한 것이라는 '견해'로 되돌아간다는 것은 있을 수 없다.

견해를 구족한 사람이 즐거움과 괴로움은 자신이 만든 것도 아니요, 남이 만든 것도 아닌 우연히 발생한 것이라는 '견해'로 되돌아간다는 것은 있을 수 없다. 무엇이 그 원인인가?

비구들이여, 바른 견해를 구족한 사람에게는 원인과 원인에서 생긴 법들이 바르게 드러나기 때문이다. 비구들이여, 이러한 여섯 가지 경우는 있을 수 없다."

앙굿따라니까야 제4권 《자신이 만듦경》 302쪽

육입처의 소멸은 단순한 경계 없음이 아니다. 육입처의 소멸이란 경계를 만났다 하더라도 자아 없음을 바르게 통찰했기 때문에 경계에 묶이지 않음을 뜻한다. 그래서 부처님께서 "바른 견해를 구족한 사람은 중도연기법을 바르게 통찰하기 때문에 삿된 견해로 되돌아간다는 것은 있을 수 없다."라고 하셨다.

8) 애

애는 수를 조건으로 하여 일어난 갈애를 말한다.
갈애는 감각적 욕망에 대한 갈애, 존재에 대한 갈애, 존재하지 않음에 대한 갈애의 세 가지가 있다.

"어떤 것을 욕심을 비우지 못하는 것이라 합니까?"
"다섯 가지 욕망을 말합니다. 안식(眼識)은 빛깔에 대해 사랑하고 좋아하는 생각을 자라나게 하여, 탐욕의 생각에 깊이 물들고 집착합니다. 이식(耳識)은 소리에, 비식(鼻識)은 냄새에, 설식(舌識)은 맛에, 신식(身識)은 감촉에 대해 사랑하고 좋아하는 생각을 자라나게 하여, 탐욕의 생각에 깊이 물들고 집착합니다. 그리하여 이 다섯 가지 욕망에 대해 탐욕을 여의지 못하고, 사랑을 여의지 못하며, 생각을 여의지 못하고 갈망을 여의지 못하면, 이것을 욕심을 비우지 못하는 것이라 합니다."

잡아함경 제20권 《551. 하리경(訶梨經)》

다섯 가지 인식^{안식·이식·비식·설식·신식}은 설해졌는데 의식이 설해지지 않은 이유는 무엇이겠는가?

의식을 설하지 않은 이유는 이렇게 다섯 가지 인식^{전오식}을 조건으로 하여 의식이 일어나는 것이지 의식이 따로 존재하는 것이 아니므로, 다섯 가지 전오식을 설하므로 자연적으로 의식은 전제되어 있는 상태라고 이해하면 되겠다.

다섯 가지 인식에는 이미 의식이 내재하여 있는 상태이다. 그래서 이 다섯 가지 인식은 경계에 대해 취착하면서 인식으로 쌓이게 된다. 이러한 인식들의 쌓임으로 인하여 차후에는 이 의식이 주체가 되어 전오식을 왜곡시켜 또 다른 삿된 인식을 만들어 간다. 이러한 인식의 발생과 작용에 대해 또렷하게 분별하지 못하면 갈애와 취착을 끊을 수 없다.

인간이 눈으로 빛깔을 인식했을 때 그것에 대해서 '좋다, 싫다, 좋지도 싫지도 않다.'라는 느낌을 갖게 되는 것은 그 빛깔 스스로가 좋고 싫은 고유의 성질을 가지고 있기 때문이 아니라 '좋다, 싫다, 좋지도 싫지도 않다.'는 느낌은 단지 인간이 삶을 통해 경험한 인식을 토대로 각자의 취향에 맞게 분별해 느낄 뿐인 것이다.

그래서 부처님께서는 "인간이 자아 취착을 조건으로 하여 일어난 삼독심탐·진·치을 소멸시키지 않고서는 절대로 고의 소멸을 볼 수가 없다."라고 하셨다.

감각적 욕망에 대한 갈애는 육근·육경·육식의 화합을 통해 일어나는 인식의 작용삼사화합된 촉을 바르게 통찰하지 못함으로 인해 일어난다.

존재에 대한 갈애는 있지도 않은 천상계욕계·색계·무색계를 열망하여 내세의 과보를 구하려는 어리석음으로 인해 일어난다.

존재하지 않음의 갈애는 내세가 존재하지 않기를 바라는 단멸의 바람이나, 깨달음 이후에 다시는 이 세상에 돌아오지 않는 것을 열망함으로 인해 일어난다.

일반적으로 세 가지 갈애를 욕계·색계·무색계의 갈애로 표현하고 있다. 하지만 이러한 견해 역시 삼세양중인과설을 전제로 했을 때 주장할 수 있는 견해이다. 삼계는 단지 어리석은 인식에서 만들어진 허망한 세계일 뿐이며, 실제로 존재하는 세계가 아니다.

불교의 가르침은 삼법인무상·고·무아으로 귀결된다. 그렇다면 세 가지 갈애 역시 실재하는 것이 아니라, 어리석음에서 생겨난 인식일 뿐임을 알 수 있다. 따라서 갈애의 실체를 연기법에 의해 바르게 통찰한다면 갈애의 장애에 묶이지 않게 된다.

그때 사리불이 수루나에게 말하였다.

"만일 사문 바라문이 색(色)에 대해 사실 그대로 알지 못하고, 색의 발생에 대해 사실 그대로 알지 못하며, 색의 소멸에 대해 사실 그대로 알지 못하고, 색의 소멸에 이르는 도 닦음에 대해 사실 그대로 알지 못한다면, 수루나야, 마땅히 알라. 이런 사문 바라문은 그 때문에 색을 끊을 수 없다.

수(受)·상(想)·행(行)도 마찬가지이며, 만일 사문 바라문이 식(識)에 대해 사실 그대로 알지 못하고, 식의 발생에 대해 사실 그대로 알지 못하며, 식의 소멸에 대해 사실 그대로 알지 못하고, 식의 소멸에 이르는 도 닦음에 대해 사실 그대로 알지 못한다면, 그 때문에 그들은 식을 끊을 수 없느니라.

수루나야, 그러나 만일 사문 바라문이 색에 대해 사실 그대로 알고, 색의 발생에 대해 사실 그대로 알며, 색의 소멸에 대해 사실 그대로 알고, 색의 소멸에 이르는 도 닦음에 대해 사실 그대로 안다면, 수루나야, 마땅히 알라. 이런 사문 바라문은 그 때문에 색을 끊을 수 있다.

수루나야, 수·상·행도 마찬가지이며, 만일 사문 바라문이 식에 대해 사실 그대로 알고, 식의 발생에 대해 사실 그대로 알며, 식의 소멸에 대해 사실 그대로 알고, 식의 소멸에 이르는 도 닦음에 대해 사실 그대로 안다면, 수루나야, 마땅히 알라. 이런 사문 바라문은 그 때문에 식을 끊을 수 있느니라.

수루나야, 너의 생각에는 어떠하냐? 색은 항상한가, 무상한가?"

"무상합니다."

"만일 무상하다면 그것은 괴로운 것인가?"

"그것은 괴로운 것입니다."

사리불은 말하였다.

"만일 색이 무상하고 괴로운 것이라면 그것은 변하고 바뀌는 법이다. 그런데 거룩한 제자가 그런 색에 대해 과연 '이것은 나다. 이것은 나와 다르다. 이것은 나와 나 아닌 것이 함께 있는 것이다.'라고 보겠는가?"

"아닙니다."

"수루나야, 이와 같이 수·상·행·식은 항상한가, 무상한가?"

"무상합니다."

"만일 무상하다면 그것은 괴로운 것인가?"

"그것은 괴로운 것입니다."

"만일 무상하고 괴로운 것이라면, 그것은 변하고 바뀌는 법이다. 그런데 거룩한 제자가 그런 수·상·행·식에 대해 과연 '이것은 나다.

이것은 나와 다르다. 이것은 나와 나 아닌 것이 함께 있는 것이다.'라고 보겠는가?"

"아닙니다."

"그러므로 수루나야, 너는 마땅히 '색(色)은 과거에 속한 것이건 미래에 속한 것이건 현재에 속한 것이건, 안에 있는 것이건 밖에 있는 것이건, 거칠건 미세하건, 아름답건 추하건, 멀리 있는 것이건 가까이 있는 것이건, 그 모든 색은 나도 아니요, 나와 다른 것도 아니며, 나와 나 아닌 것이 함께 있는 것도 아니다.'라고 알아야 하나니, 이것을 사실 그대로 아는 것(如實知)이라 한다. 수루나야, 거룩한 제자는 색에 대해서 싫어하는 마음을 일으키고, 탐욕을 떠나 해탈하며, 태어남·늙음·병듦·죽음과 근심·슬픔·괴로움·번민에서 해탈하느니라.

수(受)·상(想)·행(行)도 마찬가지이며, '식(識)은 과거에 속한 것이건 미래에 속한 것이건 현재에 속한 것이건, 안에 있는 것이건 밖에 있는 것이건, 거칠건 미세하건, 아름답건 추하건, 멀리 있는 것이건 가까이 있는 것이건, 그 모든 식은 나도 아니요, 나와 다른 것도 아니며, 나와 나 아닌 것이 함께 있는 것도 아니다.'라고 알아야 하나니, 이것을 사실 그대로 아는 것이라 한다.

수루나야, 거룩한 제자는 식에 대해서 싫어하는 마음을 일으키고, 탐욕을 떠나 해탈하며, 태어남·늙음·병듦·죽음과 근심·슬픔·괴로움·번민에서 해탈하느니라."

그때 수루나는 사리불의 말을 듣고 기뻐 뛰면서 예배하고 물러갔다.

잡아함경 제1권 《31. 수루나경②》

이렇게 오온에 대해 사실 그대로 알고, 오온의 발생과 소멸에 대해 사실 그대로 아는 것을 중도연기법을 바르게 통찰했다고 한다. 이렇게 중도연기법의 바른 통찰이 전제되어야만 모든 고에서 벗어날 수 있게 된다. 이러한 것을 삿된 견해에서 벗어난 지혜라 하고, 해탈지견이라 하는 것이다.

9) 취

취는 애를 조건으로 하여 일어난 취착을 말한다.
취착은 감각적 욕망에 대한 취착(慾取), 견해에 대한 취착(見取), 계율과 의식에 대한 취착(戒禁取), 자아의 교리에 대한 취착(我語取) 등 네 가지가 있다.
감각적 욕망에 대한 취착은 감각적 욕망의 일어남에 대해 바르게 통찰하지 못하여 욕망에 묶임을 말한다.

"어진 이여, 모두들 자기 몸을 자기 몸이라고 말하는데 어떤 것을 자기 몸이라 합니까?"

"세존께서는 오온(五蘊)을 말씀하셨습니다. 곧 자기 몸이란 색온(色蘊)·수온(受蘊)·상온(想蘊)·행온(行蘊)·식온(識蘊)이니 이것이 세존께서 말씀하신 오온입니다."

비사가 우바이는 찬탄하며 말하였다.

"훌륭하고 훌륭하십니다. 어진 이여."

비사가 우바이는 이렇게 찬탄한 뒤에 기뻐하며 받들어 행하였다. 비사가 우바이가 다시 물었다.

"어진 이여, 어떤 것을 자기 몸이 있다고 보는 소견이라 합니까?"

"많이 알지 못하는 어리석은 범부는 착한 벗을 만나지 못하고, 거룩한 법을 알지 못하며, 거룩한 법을 행하지 못합니다. 그래서 그는 '색이 곧 자아이다.'고 보고, '색은 자아를 소유한다.'고 보며, '자아 속에 색이 있다.'고 보고, '색 속에 자아가 있다'고 봅니다. 이와 같이 수(受)·상(想)·행(行)에 대해서도 마찬가지 견해를 가지고 있고, 식(識)을 자아라 보고, 자아는 식을 소유한다고 보며, 자아 속에 식이 있다고 보고, 식 속에 자아가 있다고 봅니다. 이것을 자기 몸이 있다고 보는 소견이라 합니다."

"훌륭하고 훌륭하십니다. 어진 이여."

비사가 우바이는 이렇게 찬탄한 뒤에 기뻐하며 받들어 행하였다.

중아함경 제58권 《210. 법락비구니경(法樂比丘尼經)》

견해에 대한 취착은 "자아와 세상은 영원하다."라는 어리석은 견해에 묶임을 말한다.

계율과 의식에 대한 취착은 바른 계율과 법에 의지하지 않고 어리석은 행위를 통하여 깨닫고자 하는 열망으로 인해 일어난 삿된 법에 묶임을 말한다. 계율에 대한 취착이라는 것은 오계_{살생, 간음, 도둑질, 거짓말, 술, 담배 등의 중독성 물질을 삼가라} 등을 지킴으로써 깨달음을 증득할 수 있다는 견해에 묶이는 것을 말한다.

자아의 교리에 대한 취착은 삿된 법을 고집하는 것과 바른 법을 배우고도 어리석은 견해를 주장하는 것에 대해 묶임을 말한다.

"감각적 욕망을 제어하지 못하는 사람들
그들은 누구나 법답지 못하고 법을 존중하지 않는구나.
탐욕과 성냄과 어리석음 때문에
잘못된 길을 가는 자들은
'회중의 쓰레기'라 일컬어진다."라고
아시는 분 그분 부처님께서 말씀하셨네.
"칭송받는 참사람들은
법에 굳게 서서 악을 짓지 않나니
탐욕과 성냄과 어리석음 때문에
잘못된 길을 가지 않는 자들은

'회중의 보배'라 일컬어진다."라고
아시는 분 그분 부처님께서 말씀하셨네.

앙굿따라니까야 《음식소임자경》 90쪽

부처님의 바른 법에 머물러 있으면서도 삼독심을 끊지 못하고 삿된 견해에 묶여 있는 자는 '회중의 쓰레기'가 되고, 바른 법에 머물러 삼독심을 끊어 내고 팔정도의 바른 행을 행하는 자는 '회중의 보배'가 된다. 회중의 쓰레기가 될 것인가 아니면, 회중의 보배가 될 것인가는 각자의 법다운 노력에 달려 있다.

10) 유

유는 취를 조건으로 하여 일어난 존재(有)가 있음을 말한다.
어리석은 범부들은 유(存在)라 하면 욕계·색계·무색계의 존재가 실재(實在)한다고 알고 있다.
그러나 존재라 하는 것은 어떠한 고정불변하는 실체가 있기 때문에 존재란 언어를 쓰는 것이 아니라, 자아에 대한 갈애와 취착을 조건으로 하여 일어난 어리석은 인식이 '존재가 실재한다'는 삿된 견해를 일으킨 것뿐이다.

21. "세존이시여, 그러면 인식이 인간의 자아입니까, 아니면 인식과 자아는 서로 다른 것입니까?"

"뽓타빠다여, 그런데 그대는 무엇을 두고 자아라고 이해하고 있는가?"

"세존이시여, 거칠고 물질로 되었고, 네 가지 근본 물질^{사대}로 이루어졌고 덩어리로 된 음식을 먹고 사는 것^{욕계}을 저는 자아라고 이해합니다."

"뽓타빠다여, 그대가 거칠고 물질로 되었고, 네 가지 근본 물질로 이루어졌고 덩어리로 된 음식을 먹고 사는 것을 자아라고 이해한다 하더라도 참으로 그대에게 인식과 자아는 서로 다를 것이다. 뽓타빠다여, 그런 방식에 따른다면 인식과 자아는 서로 다를 수밖에 없나니, 거칠고 물질로 되었고 네 가지 근본 물질로 이루어졌고 덩어리로 된 음식을 먹고 사는 자아가 머물러 있는데도 이 사람에게는 그것과는 다른 인식이 생기고 그것과는 다른 인식이 소멸하기 때문이다. 뽓타빠다여, 그러므로 이런 방식으로는 '인식과 자아는 서로 다르게 되고 만다.'고 알아야 한다."

22. "세존이시여, 저는 마음으로 이루어지고 모든 수족이 다 갖추어지고 감각기능^{근}이 결여되지 않은 것^{색계}을 자아라고 이해합니다."

"뽓타빠다여, 그대가 마음으로 이루어지고 모든 수족이 다 갖추어지고 감각기능^{근}이 결여되지 않은 것을 자아라고 이해한다 하더라도 참으로 그대에게 인식과 자아는 서로 다를 것이다. 뽓타빠다여, 그런 방식에 따른다면 인식과 자아는 서로 다를 수밖에 없나니, 마음으로 이루어지고 모든 수족이 다 갖추어지고 감각기능들이 결여되지 않은 자아가 머물러 있는데도 이 사람에게는 그것과는 다른 인식이 생기고 그것과는 다른 인식이 소멸하기 때문이다. 뽓타빠다여, 그러므로 이런 방식으로는 '인식과 자아는 서로 다르게 되고 만다.'고 알아야 한다."

23. "세존이시여, 저는 물질이 아니며 인식으로 이루어진 것[무색계]을 자아라고 이해합니다."

"뽓타빠다여, 그대가 물질이 아니며 인식으로 이루어진 것을 자아라고 이해한다 하더라도 참으로 그대에게 인식과 자아는 서로 다를 것이다. 뽓타빠다여, 그런 방식에 따른다면 인식과 자아는 서로 다를 수밖에 없나니, 물질이 아니며 인식으로 이루어진 자아가 머물러 있는데도 이 사람에게는 그것과는 다른 인식이 생기고 그것과는 다른 인식이 소멸하기 때문이다. 뽓타빠다여, 그러므로 이런 방식으로는 '인식과 자아는 서로 다르게 되고 만다.'고 알아야 한다."

24. "세존이시여, 그렇다면 저는 인식이 인간의 자아인지, 아니면 인식과 자아는 서로 다른 것인지를 알 수가 없습니까?"

"뽓타빠다여, 그대와 같이 다른 견해를 가졌고, 다른 가르침을 받아들였고, 다른 가르침을 좋아하고, 다른 수행을 추구하고, 다른 스승을 따르는 자는 참으로 인식이 인간의 자아인지, 아니면 인식과 자아는 서로 다른 것인지를 알기 어렵다."

디가니까야 제1권 《뽓타빠다경》 472쪽

　욕계를 주장하는 자들은 '사대지·수·화·풍로 이루어진 몸을 자아'라고 주장한다. 그러나 사대의 모임으로 이루어진 육체를 '나'라고 한다면 이 사대는 스스로 인식할 수 있는 작용이 없음에도, 사대 이외의 사대를 인식하는 또 다른 인식이 있다는 주장이 될 수밖에 없다.

　여기서 사대를 인식하는 것이 문제가 아니고 사대를 나라고 주장하는 것이 문제인 것이다. 그래서 부처님께서는 그것을 '자아'라고 주장하는 것은 삿된 소견이라고 말씀하셨다.

　색계를 주장하는 자들은 '마음으로 이루어지고 모든 수족이 다 갖추어진 몸육체·정신(名色)으로 이루어진 것을 자아'라고 주장한다. 여기에 마음이 있고, 수족이 다 갖추어진 몸이 있는데도 그것과 다른, 또 다른 인식이 생겨난다. 그래서 부처님께서는 그것을 자아라고 주장하는 것은 삿된 소견이라고 말씀하셨다. 왜냐하면 몸육체·정신(名色)이 나라면 '내가 생각하기 싫다.'라는 마음을 일으켰을 때 더 이상 다른 생각이 일어나면 안 된다. 그러나 내가 생각이 일어나지 않기를 원해도 그것과 상관없이 또 다른 생각들이 일어나기 때문에 그래서 이것도 자아가 아니라고 하신다.

　색계를 주장하는 것은 오온의 발생과 오온의 소멸무상·고·무아에 대해서 바르게 알지 못하기 때문이다. 중도연기법무상·고·무아에 대해 바르게 통찰한다면 이렇게 허망한 자아의 논리를 주장할 수 없다.

무색계를 주장하는 자들은 '물질이 아니며 인식으로 이루어진 것을 자아'라고 주장한다. 그러나 부처님께서는 '그것을 자아라고 주장하는 것은 삿된 소견'이라고 말씀하신다.

왜냐하면 물질이 아닌 인식만으로 이루어진 자아가 머물러 있는데도 그것과 다른 인식이 생겨나기 때문이다. 그런데 부처님의 가르침에 따르면 육체와 정신은 서로서로 의지하며 존재하는 것이지, 어느 것 하나가 따로 떨어져서 존재할 수 없다고 가르치셨다. 그러니 물질이 아닌 인식만으로 이루어졌다는 견해는 당연히 삿된 견해일 수밖에 없다.

부처님께서는 "이렇게 욕계·색계·무색계의 자아를 주장하는 것은 바른 법을 듣고, 배우고 익히지 못한 결과"라고 하셨다.

"비구들이여, 윤회의 최초의 시작은 헤아릴 수 없다. 윤회의 굴레를 이리저리 방황하는 중생들의 첫 시작은 욕망에 사로잡힌 무명에 싸여 있어서 자각될 수 없다.

어떤 사람이 대양의 물을 몽땅 마셔 바다를 말려 버리는 날이 온다고 해도 욕망에 사로잡히고 무명에 싸여 있는 중생의 돌고 도는 윤회는 끝이 나지 않을 것이다.

어리석은 범부가 사견에 얽매이고 자아라는 견해에 집착하고 있는
한 윤회의 굴레는 그칠 날 없이 돌고 돌 것이다."

잡아함경 제10권 《266. 무지경(無知經)①》

"윤회의 최초의 시작은 헤아릴 수 없다."라는 것은 태초에 인간이 어떻게 만들어지고 세상에 존재하게 되었는지를 설명한 것이 아니고, "인간이 몸을 가지고 자아 취착을 하게 되는 시작점을 알 수 없다."라는 말이다.

인간은 세상의 삶을 살아오면서 주변의 조건에 의해서 자아라고 인식하게 될 뿐 스스로 자아라고 인식하면서 태어나는 것이 아니다. 갓난아기는 자아라고 취착할 수 있는 성향을 가지고 있다. 하지만 조건을 갖추지 못한 갓난아기에게는 스스로 자아 취착하는 인식이 일어나지 않는다. 그렇기 때문에 자기 자신이 누군지 모르는 것이다. 인간들이 어머니의 몸을 빌려 태어난 후 1~2년 동안의 기억이 없는 이유는 이 때문이다.

혹자는 전생을 운운하면서 어머니의 자궁에 들어가기 전도 알고, 뱃속에 있었을 때도 기억하고 있고, 어머니의 모태에서 태어나는 것도 모두 기억하고 있다고 말들 한다. 이러한 모든 견해는 자아 취착에서 일어난 삿된 견해일 뿐이다.

"중생을 윤회의 상태로 이끄는 것"이란 갈애와 취착을 조건으로

하여 유존재에 대한 열망이 일어난다. 유존재에 대한 열망이 일어남으로 인해 확정적인 생내가 태어났다는 주장을 하게 되는 조건을 갖추게 된다.을 받았다고 인식하게 되는 조건을 갖춘다.

이렇게 유존재라는 인식을 통해 '나, 내 것, 나의 자아'라는 인식이 확정되는 것이다. 이러한 유존재에 대한 인식이 끝없는 자아의 삶생·노사을 취착하게 하는 조건이 된다. 이것이 범부를 윤회 상태로 이끄는 것이라 한다.

   1. "비구들이여, 세 가지 존재를 버려야 하고 세 가지 공부를 지어야 한다. 어떤 세 가지 존재를 버려야 하는가?"

   2. "욕계의 존재 · 색계의 존재 · 무색계의 존재이다. 이러한 세 가지 존재를 버려야 한다."

   3. "어떤 세 가지 공부 지음을 해야 하는가? 높은 계를 공부 지음, 높은 마음선정을 공부 지음, 높은 통찰지혜를 공부 지음이다. 이러한 세 가지 공부를 지어야 한다."

   4. "비구들이여, 비구가 이러한 세 가지 존재를 버리고 세 가지 공부를 지으면 이를 일러 '비구는 갈애를 잘라 버렸고, 족쇄를 풀어 버렸고, 자만을 바르게 꿰뚫어 버렸고, 마침내 괴로움을 끝장내 버렸다.'고 한다."

앙굿따라니까야 제4권 《존재경》 311쪽

부처님께서는 "어리석은 범부들은 자아에 대한 갈애와 취착을 끊지 못해 일어난 삿된 견해가 욕계의 존재·색계의 존재·무색계의 존재에 대한 열망을 일으킨다."라고 하셨다.

이러한 세 가지 존재에 대한 열망을 소멸시키려면 삼학계·정·혜의 가르침을 많이 듣고 배우고 익혀야 한다고 가르치셨다. 그래야만 어리석음을 조건으로 하여 일어난 갈애와 취착을 끊고, 괴로움에서 벗어나 해탈 열반할 수 있게 된다.

"높은 공부 지음"이라는 것은 수행의 이룸계·정·혜을 뜻하는 것이지, 어떠한 절대의 법이 있기 때문에 "높은 공부 지음"이라고 표현한 것이 아니다. 굳이 "높은 공부 지음"이 있다면 출세간의 도를 증득한 성인들의 행, 즉 팔정도 행위의 무르익힘인 것이다.

1. 밧다지 존자에게 아난다 존자는 이렇게 말했다.

"도반 밧다지여, 무엇이 보는 것 가운데 으뜸입니까? 무엇이 듣는 것 가운데 으뜸입니까? 무엇이 행복 가운데 으뜸입니까? 무엇이 인식 가운데 으뜸입니까? 무엇이 존재 가운데 으뜸입니까?"

"도반이여, 범천이 있습니다. 그는 지배자요, 지배되지 않는 자요, 전지자요, 전능자입니다. 그 범천을 보는 것이 보는 것 가운데서 으뜸입니다.

도반이여, 광음천의 신이 있습니다. 그들은 제2선에 기인한 행복으로 충만하고 흠뻑 젖습니다. 그들은 언제 어디서든 '아! 행복한지고, 아! 행복한지고, 아! 행복한지고.'라고 감흥어를 읊습니다. 이런 소리를 듣는 것이 듣는 것 가운데 으뜸입니다.

도반이여, 변정천의 신들이 있습니다. 그들은 더없이 행복하면서 제3선에 기인한 지고의 행복을 경험합니다. 이것이 행복 가운데 으뜸입니다. 도반이여, 무소유처에 태어난 신들이 있습니다. 이것이 인식 가운데 으뜸입니다.

도반이여, 비상비비상처에 태어난 신들이 있습니다. 이것은 존재 가운데 으뜸입니다."

2. "밧다지 존자가 으뜸이라고 동의한 것은 일반 대중이 이야기하는 방식일 뿐입니다."

"아난다 존자는 많이 배운 분입니다. 아난다 존자가 밝혀 주십시오."

"도반 밧다지여, 그렇다면 잘 듣고 마음에 잡도리하십시오. 나는 이제 설할 것입니다."

"그렇게 하겠습니다. 도반이여."라고 밧다지 존자가 아난다 존자에게 응답했다. 아난다 존자는 이렇게 말하였다.

"도반이여, 보면서 바로 그에게 번뇌들이 다할 때 그것이 보는 것 가운데 으뜸입니다.

도반이여, 들으면서 바로 그에게 번뇌들이 다할 때 그것이 듣는 것 가운데 으뜸입니다.

도반이여, 행복할 때 바로 그에게 번뇌들이 다하는 그 행복이 행복 가운데 으뜸입니다.

도반이여, 인식할 때 바로 그에게 번뇌들이 다하는 그 인식이 인식 가운데 으뜸입니다.

도반이여, 존재할 때 바로 그에게 번뇌들이 다하는 그 존재가 존재 가운데 으뜸입니다."

앙굿따라니까야 제3권 《밧다지경》 383쪽

어리석은 범부들은 욕계·색계·무색계의 존재가 존재하는 것들 중에 으뜸이라고 주장한다. 그러나 부처님의 가르침은 이러한 세 가지 존재에 대한 삿된 주장은 일반 어리석은 범부들이 이야기하는 방식일 뿐이라고 말씀하신다. 가장 으뜸가는 존재가 있다면 모든 번뇌를 다하는 존재출세간자 — 사쌍, 팔배가 바로 그들이다.

"보면서 바로 그에게 번뇌들이 다할 때"란 수행자가 경전을 가까이하거나, 선지식들을 친견할 때 그에게는 '나도 저렇게 되어야겠다.'라는 마음이 생겨난다. 그때 어리석은 범부들의 마음에 있는 번뇌탐·진·치가 잠깐 동안이라도 사라지게 된다. 이것을 "보면서 바로 그에게 번뇌들이 다할 때"라고 말씀하신 것이다.

앙굿따라니까야 제3권 《쫀디경》 109쪽에서 다음과 같이 말씀하셨다.

"쭌디여, 승가이건 무리이건 그들 가운데서 여래의 제자들 승가가 으뜸이라고 불리나니, 그들은 바로 네 쌍(四雙)의 인간들이요, 여덟 단계에 있는 사람들(八輩)이다. 이러한 세존의 제자들의 승가는 공양받아 마땅하고, 선사 받아 마땅하고, 보시 받아 마땅하고, 합장 받아 마땅하며, 세상의 위없는 복밭이다. 쭌디여, 승가에 청정한 믿음을 가진 자들은 으뜸가는 청정한 믿음을 가진 자요, 으뜸가는 청정한 믿음을 가진 자들의 과보 또한 으뜸이다."

이렇게 행위 짓는 것을 '보는 것 가운데 으뜸'이라고 한다.

"들으면서 바로 그에게 번뇌들이 다 할 때"란 수행자들이 선지식을 친견하고 그들에게서 바른 법을 듣고 배울 때 그들의 마음속에 남아 있는 번뇌들이 사라지게 된다. "들으면서"라는 표현은 단순히 듣기만 하는 것이 아니고 듣고 사고하는 것을 말한다.

앙굿따라니까야 제4권 《팍구나경》 216쪽에서 다음과 같이 말씀하셨다.

"그는 들은 대로 배운 대로 법을 사유하고 고찰하고 마음으로 숙고한다. 그가 들은 대로 배운 대로 법을 사유하고 고찰하고 마음으로 숙고할 때 재생의 근거를 파괴한 위없는 열반을 대상으로 마음이 해탈한다."

이러한 것을 '듣는 것 가운데 으뜸'이라고 한다.

"행복할 때 바로 그에게 번뇌들이 다하는"이란 수행자들이 선지식을 친견하고 그에게서 바른 법을 듣고 사고한 것을 일상의 행위에서 법답게 행위하며 나타낼 때 그의 마음에서는 번뇌가 사라지고 법열이 일어난다.

앙굿따라니까야 제4권《수행경》516쪽에서 다음과 같이 말씀하셨다.

"비구들이여, 수행에 몰두하지 않고 머무는 비구에게는 이러한 마음이 일어날 것이다. '오, 참으로 나는 취착이 없어져서 번뇌들에서 마음이 해탈하기를.'이라고. 그러나 그는 결코 취착이 없어져서 번뇌들에서 마음이 해탈하지 못한다.

그것은 무슨 이유 때문인가? 수행을 하지 않았기 때문이라고 말해야 한다. 무엇을 수행하지 않았기 때문인가? 네 가지 마음챙김의 확립(四念處), 네 가지 바른 노력(四正勤), 네 가지 성취 수단(四如意足), 다섯 가지 기능(五根), 다섯 가지 힘(五力), 일곱 가지 깨달음의 구성 요소(七覺支), 여덟 가지 구성 요소를 가진 성스러운 도(八正道)이다."

이것을 37조도품이라 한다.

"행복할 때"란 단순히 지금 마음의 번뇌가 사라졌기 때문에 행복하다는 말이 아니다. 참된 행복이란 자신 안에 남아 있는 탐 · 진 · 치의 삼독심을 끊어 버리지 않고서는 영원히 행복할 수 없는 것이다.

그래서 바른 법을 많이 듣고, 배우고, 익혀서(聞思修) 바른 행을 나타낼 때 '그것이 행복 가운데 으뜸이다.'라고 한다.

"인식할 때 바로 그에게 번뇌들이 다하는"이란 수행자가 선지식을 친견해서 듣고 배우고 익히고 행한 법들을 바탕으로 항상 법다운 사고에 머문다면 그에게는 더 이상 번뇌들이 일어나지 않을 것이다.

앙굿따라니까야 제6권 《아지따경》 397쪽에서 다음과 같이 말씀하셨다.

"비구들이여, 그릇된 견해는 비법(非法)이고 바른 견해는 법이다. 그릇된 견해를 조건으로 하여 여러 가지 나쁘고 해로운 법들이 생겨나니 이것이 해로운 것이다. 바른 견해를 조건으로 한 여러 가지 유익한 법들은 수행을 통해 완성에 이르나니 이것이 이로운 것이다. ……비구들이여, 그릇된 해탈은 비법이고 바른 해탈은 법이다. 그릇된 해탈을 조건으로 하여 여러 가지 나쁘고 해로운 법들이 생기나니 이것이 해로운 것이다. 바른 해탈을 조건으로 한 여러 가지 유익한 법들은 수행을 통해 완성에 이르나니 이것이 이로운 것이다. '비구들이여, 비법과 법을 알아야 하고 해로운 것과 이로운 것을 알아야 한다. 비법과 법을 알고 해로운 것과 이로운 것을 안 뒤 법을 따라, 이로운 것을 따라 도를 닦아야 한다.'라고 한 것은 이런 이유로 그렇게 말했다."

이렇게 인식하는 것을 '인식 가운데 으뜸'이라고 한다.

"존재할 때 바로 그에게 번뇌들이 다하는"이란 이미 바른 법을 온전하게 행하고 있는 수행자가 마음의 번뇌들을 다 소멸시키고 현상에서 바른 행을 나타내고 있는 것을 말한다. 바른 행을 나타낸다는 것은 삼독심을 끊고 팔정도의 바른 행위를 나타내는 것을 뜻한다. 팔정도행의 나타냄이란 어리석은 범부들에게 바른 법을 가르치고 익히도록 해서 어리석은 범부들이 번뇌를 스스로 소멸하고, 번뇌에서 벗어나게 하는 것을 말한다.

앙굿따라니까야 제5권 《충분함경》 273쪽에서 다음과 같이 말씀하셨다.

"여기 비구는 유익한 법들을 재빠르게 안다. 들은 법들을 잘 호지한다. 호지한 법들의 뜻을 잘 숙고한다. 뜻을 완전하게 알고 법을 완전하게 안 뒤에 출세간법에 이르게 하는 법을 닦는다. 선한 말을 하고, 선한 말씨를 가졌고, 예의 바르게 말하고, 명확하고 흠이 없고 뜻을 바르게 전달하는 언변을 구족하였다. 청정범행을 닦는 동료 수행자들을 가르치고 격려하고 분발하게 하고 기쁘게 한다."

이러한 수행자들을 '존재 가운데 으뜸'이라고 한다.

11) 생

생은 유를 조건으로 하여 일어나는 태어남을 말한다.

태어남(生)이란 유라는 존재에 대한 취착을 조건 하여 일어난 단지 '태어났다'라는 인식이 생겨난 것을 말한다. 태어남을 인식한다는 것은 순간순간의 삶의 연속성에서 일어나는 '자아'를 인식하는 것이다.

따라서 어리석은 자아 취착의 인식을 바른 법을 통해 소멸시키면 이것을 '생이 다했다.'라고 하는 것이지, 연기의 흐름을 잘못 이해하여 생이라는 것을 몸의 형상을 가지고 모태^{자궁}에서 방금 빠져나온 것이라 주장하면 안 된다. 몸을 가지고 태어나는 것이 생이라고 주장하게 되면 삿된 견해에 빠지게 되고 결국 삼세의 윤회에서 벗어날 수 없게 된다.

> 두려움, 괴로움, 병, 종기, 결박, 진흙탕
> 이들은 모두 감각적 욕망을 일컫나니
> 여기에 중생은 집착한다네.
> 생사의 원인인 취착에 두려움을 보는 자는
> 취착하지 않고 생사가 멸절한 열반을 얻고 해탈하리.
> 안전함을 얻은 그들은 모든 오염원을 놓아 버려 평화로우며
> 모든 원한과 두려움 건넜고

윤회의 모든 고통 초월했다네.

앙굿따라니까야 제4권 《두려움경》 101쪽

부처님께서는 어리석은 범부들은 감각적 욕망을 취착하기 때문에 생사심에서 벗어나지 못한다고 하셨다. 그래서 감각적 욕망을 끊어 버릴 수 있다면 생사심을 끊게 되는 것이고, 이렇게 끊은 것을 '생이 다했다.'라고 한다.

생은 스스로에 대한 어리석은 자아 취착심 때문에 생겨난 것뿐이지, 실제로 생이 존재하는 것이 아니다. 우리가 몸을 가지고 숨 쉬고 살아가는 동안을 세간의 언어적 표현으로 생이라 할 뿐이다.

부처님께 여쭈었다.

"세존이시여, 어느 날 사문 바라문 혹은 유행승 혹은 출가인들은 희유 강당에 모여 이러한 이치를 이야기하였습니다.

즉 '뿌라나 까사빠는 대중의 주인이 되어 오백 제자들에게 앞뒤로 둘러싸여 있었다. 그 제자들 가운데는 지극히 지혜로운 사람도 있었고 지극히 미련한 사람도 있었다. 그러나 그들이 죽음에 다다랐을 때, 그 스승은 그들이 어디로 가서 태어날지를 예언하지 않았다.

또 막칼리 고살라도 대중의 주인이 되어 오백 제자들에게 앞뒤로 둘러싸여 있었다. 그 제자들 가운데는 지혜로운 사람도 있었고 미련한 사람도 있었다. 그러나 그들이 죽음에 다다랐을 때, 그 스승은 그들이 어디로 가서 태어날지를 예언하지 않았다.

　이와 같이 산자야 벨라티뿟따, 아짓따 께사깜발리, 빠꾸다 까짜야나, 유행승 니간타 나따뿟따 등도 각각 오백 제자들에게 앞뒤로 둘러싸인 것은 앞의 사람들과 같았다.'

　그런데 세존이시여, 그때 그 사람들 중에 이런 말을 한 사람이 있었습니다. '석가모니 부처님은 대중의 주인이 되어 그의 여러 제자들 중에 목숨을 마치는 사람이 있으면 곧 아무개는 저기에 태어나고 아무개는 여기에 태어난다고 예언한다.' 저는 그 말을 듣고 먼저 의심이 생겼습니다. 석가모니 부처님께서는 어떻게 그러한 법을 얻으셨습니까?"

　부처님께서 선니에게 말씀하셨다.

　"너는 의심하지 마라. 미혹이 있으면 그는 곧 의심을 일으키게 된다. 선니야, 마땅히 알라. 세 종류의 스승이 있으니, 어떤 것이 세 가지인가? 어떤 스승은 '현세에서 진실로 이것이 나(我)다.'라고 하며 제가 아는 대로 말하지만 목숨을 마친 뒤의 일은 능히 알지 못한다. 이런 이를 세간에 출현하는 첫 번째 스승이라 한다.

　또 선니야, 어떤 스승은 '현세에서 진실로 이것이 나다.'라고 보고 '목숨을 마친 뒤에도 또한 이것이 나다.'라고 보아 제가 아는 대로 말한다.

　또 선니야, 어떤 스승은 '현세에서 진실로 이것이 나다.'라고 보지도 않고 '목숨을 마친 뒤에 진실로 이것이 나다.'라고 보지도 않는다.

선니야, '현세에서만 진실로 이것이 나다.'라고 하며 제가 아는 대로 말하는 첫 번째 스승의 견해를 단견(斷見)이라 한다. '현세에서나 후세에서나 진실로 이것이 나다.'라고 하며 제가 아는 대로 말하는 두 번째 스승의 견해를 상견(常見)이라 한다. '현세에서 진실로 이것이 나다라고 보지 않고, 목숨을 마친 뒤의 나도 또한 보지 않는다.'라는 것은 곧 여래·응공·등정각의 말이다. 그는 '현세에서 애욕을 끊고 탐욕을 떠나 모든 번뇌를 없애면 열반(涅槃)을 얻는다'라고 말한다."

선니는 부처님께 아뢰었다.

"세존이시여, 저는 세존의 말씀을 듣고 의심만 더욱 더할 뿐입니다."

부처님께서는 선니에게 말씀하셨다.

"마땅히 의심을 더해야 할 것이다. 왜냐하면 이것은 매우 깊은 이치로서 보기도 어렵고 알기도 어려워 모름지기 깊이 관찰해야만 미묘하게 도달할 수 있는 것이기 때문이다. 또 그것은 지혜로운 사람만이 알 수 있고 범부 중생들은 분별해 알 수 없는 것이니, 무슨 까닭인가? 중생들은 오랜 세월 동안 잘못 보고, 잘못 참았으며, 잘못 찾고, 잘못 원하였기 때문이니라."

선니는 부처님께 아뢰었다.

"세존이시여, 저는 세존 앞에서 마음에 깨끗한 믿음을 얻었습니다. 원하옵건대, 세존께서는 저를 위해 설법하시어 저로 하여금 이 자리에서 혜안(慧眼)이 청정하게 하여 주소서."

부처님께서는 선니에게 말씀하셨다.

"이제 너를 위해 좋아하는 대로 설명하리라. 선니야, 색은 항상한가, 무상한가?"

"무상합니다."

"만일 무상하다면 그것은 괴로운 것인가?"

"그것은 괴로운 것입니다."

"만일 무상하고 괴로운 것이라면 그것은 변하고 바뀌는 법이니라. 많이 아는 거룩한 제자들이 과연 그런 것에 대해 '이것은 나다. 나와 다르다. 나와 나 아닌 것이 함께 있는 것이다.' 라고 보겠는가?"

"아닙니다. [그렇게 보지 않습니다.] 세존이시여."

"수·상·행·식에 있어서도 또한 그와 같으니라."

세존께서는 다시 물으셨다.

"어떠냐 선니야, 색이 여래인가?"

"아닙니다. [색은 여래가 아닙니다.] 세존이시여."

선니가 대답했다.

"수·상·행·식이 여래인가?"

"아닙니다. [수·상·행·식은 여래가 아닙니다.] 세존이시여."

부처님께서 다시 물으셨다.

"선니야, 색을 떠나서 여래가 있는가? 수·상·행·식을 떠나서 여래가 있는가?"

십이연기의 흐름과 구성 요소

"아닙니다. [오온을 떠나서는 여래가 없습니다.] 세존이시여."

여래는 다시 물으셨다.

"선니야, 색 안에 여래가 있는가? 수·상·행·식 안에 여래가 있는가?"

"아닙니다. [오온 안에는 여래가 없습니다.] 세존이시여."

"선니야, 여래 안에 색이 있는가? 여래 안에 수·상·행·식이 있는가?"

"아닙니다. [여래 안에는 오온이 없습니다.] 세존이시여."

"선니야, 색도 아니고 수·상·행·식도 아닌 것이 여래인가?"

"아닙니다. [오온을 떠나서 따로 존재하는 여래는 없습니다.] 세존이시여."

부처님께서 선니에게 말씀하셨다.

"나의 여러 제자들은 내 말을 듣고도 그 뜻을 다 이해하지 못해 교만(慢)을 일으키고 빈틈없는 한결같음(無間等)을 얻지 못한다. 빈틈없이 한결같지 못하기 때문에 곧 교만이 끊어지지 않고, 교만이 끊어지지 않기 때문에 이 오온(五蘊)을 버린 뒤에도 다른 오온과 합하여 계속해 태어나느니라.

그러나 선니야, 내 말을 듣고 그 뜻을 능히 이해하는 나의 여러 제자들은 모든 교만에서 빈틈없는 한결같음을 얻는다. 빈틈없는 한결같음을 얻기 때문에 모든 교만이 끊어지고, 모든 교만이 끊어지기 때문에 몸이 무너지고 목숨이 끝난 뒤에 다시는 계속해 태어나지 않는다. 선니야, 나는 이런 제자들에겐 '이 오온을 버린 뒤에 이러저러한 곳에 다시 태어난다.'고 말하지 않는다. 왜냐하면 예언할 만한 인연이 없기 때문이니라."

선니 존자는 ……위없는 범행을 완전히 이루고 현세에서 증득하여 [나의 생은 이미 다하고 범행은 이미 섰으며, 할 일은 이미 마쳐 후세의 몸을 받지 않는다]고 스스로 안다고 사유하고 아라한이 되었다.

잡아함경 제5권 《105. 선니경(仙尼經)》

부처님께서는 어리석은 범부들이 상견과 단견의 삿된 견해를 떨쳐 버리지 못하는 것은 모두가 자아에 대한 취착심 때문에 생겨난 허망한 견해 때문이라고 말씀하셨다. 그래서 부처님의 바른 법에 의지해서 모든 애욕을 끊은 수행자라면 자아에 대한 생사심을 갖지 않게 된다고 하셨다. 그러므로 자아 취착심이 없고, 자아의 생사에 대한 허망한 견해에 묶이지 않은 수행자라면 어떠한 것으로도 생을 상정하지 않는 것이다.

부처님 재세 시 육사외도 스승들이 있었다. 그들 스승들은 미래를 예언하지 못했다.

그러나 "부처님만이 다음 생을 예언한다."라는 말을 들은 선니라는 외도 수행자가 의심이 생겨 부처님께 법을 묻게 되었다. 선니의 물음에 부처님께서는 "자아 취착을 끊은 자들은 몸이 무너지고 목숨이 끝난 뒤에 다시는 계속해 태어나지 않는다. 즉 내세는 없다."라고 하셨다. 그러나 육사외도의 스승들은 상견과 단견에 빠져 있기 때문에 내세에 대하여 바르게 알지 못한다고 설하셨다.

그렇다면 '육사외도 스승 중에 사후 단멸론을 주장하는 외도 스승들과 부처님의 내세에 대한 말씀은 같은 것이 아닌가?'라는 의문이 들 것이다.

그러나 부처님이 설하신 단멸론과 외도 스승들이 주장하는 단멸론과는 결코 같지 않다.

그 이유는 외도들의 스승은 깨달은 자나 깨닫지 못한 자나 그들이 어디로 가서 태어날지를 예언하지 못했다. 그러나 부처님께서는 "깨닫지 못한 자들은 내세가 있고, 깨달은 자들에게는 내세가 없다."라고 하셨다. "깨닫지 못한 자들에게는 내생이 있다."라고 하신 것은 어리석은 범부들이 바른 법을 듣고 그 뜻을 이해하지 못한 결과로 자아 취착을 끊어 내지 못했기 때문에 그들에게는 "내생이 있다."라고 하신 것이다.

그렇다면 또 의문이 들 것이다. 앞에서 필자가 '내생은 없다'라는 주장을 폈는데, 《선니경》의 가르침에서는 "깨닫지 못한 자들에게 내생이 있고, 깨달은 자들에게는 내생이 없다."라는 부처님의 가르침과 그 논리가 모순되지 않는가 하고.

그러나 이러한 의문을 갖는 것이 이미 삿된 견해이다. 왜냐하면 무상·고·무아법에 또렷한 사고를 갖지 못했고 부처님의 가르침을 바르게 이해하지 못했기 때문에 항상 '자아'라는 견해를 앞세워 의문을 제기하게 되는 것이다. 깨달은 수행자나 깨닫지 못한 범부의 차이는 현상을 바르게 통찰했는가, 그렇게 하지 못했는가에 있을 뿐이다.

그래서 깨달은 자는 현상을 법답게 통찰하기 때문에 '자아'라는 것이 없음을 바르게 안다. 그러니 깨달은 자들에게 어떠한 자아가 있어서 내생을 계속해서 받는다고 할 수 있겠는가? 하지만 어리석은 범부들은 자아의 취착에서 벗어나지 못했기 때문에 있지도 않은 자아가 끝없이 '삶을 받는다.'라고 착각하여 삿된 견해에 빠질 수밖에 없다.

결국 깨달은 자와 깨닫지 못한 자의 차이는 '바른 법에 머물러 있는가[바른 팔정도행]와 바른 법을 등졌는가[삿된 팔정도행]'에 있을 뿐이다.

12) 노사

노사는 생을 조건으로 하여 일어나는 늙음·죽음을 말한다. 늙음은 사지가 무기력해지고, 감각기능이 쇠퇴하며, 비틀어지고, 젊음이 사라지고, 기력이 쇠퇴하고, 기억력과 이해력이 희미해짐 등으로 육체적인 괴로움과 정신적인 괴로움이 일어나는 것을 말한다. 이러한 늙음과 병듦을 조건으로 하여 일어나는 것이 죽음이다.

6. "바라문이여, 여기 어떤 자가 죽기 마련이면서 죽음을 두려워하지 않고 죽음에 대해 떨지 않는 자인가? 바라문이여, 여기 어떤 자는 감각적 욕망에 대한 탐욕을 여의고 의욕을 여의고 애정을 여의고 갈증을 여의고 열병을 여의고 갈애를 여의었다. 그런 그가 어떤 혹독한 병에 걸리자 이런 생각이 들었다. '저 사랑하는 감각적 욕망들은 나를 버릴 것이다. 나도 저 사랑하는 감각적 욕망들을 버리게 될 것이다.'라고. 그는 근심하지 않고 상심하지 않고 슬퍼하지 않고 가슴을 치지 않고 울부짖고 광란하지 않는다. …… 이런 자가 죽기 마련이면서 죽음을 두려워하지 않고 죽음에 대해 떨지 않는 자이다."

앙굿따라니까야 제2권 《무외경》 408쪽

부처님께서 늙음·죽음이 실재하기 때문에 늙음·죽음을 말씀하신 것이 아니다. 어리석은 범부들이 자아 취착을 조건으로 하여 일어난 늙음·죽음이 실재한다는 개념에 묶여 있음을 보시고 이러한 삿된 견해를 깨뜨리고자 중도연기법을 설하셨다. 그렇지만 육신을 가지고 살아가는 인간으로서 늙음과 병듦을 조건으로 하여 일어나는 죽음을 부정할 수도 없다. 늙음·죽음은 우리가 몸을 가지고 있는 이상 누구도 피할 수 없는 현실이다. 하지만 부처님께서는 어리석은 범부들이 자아 취착에서 벗어날 수만 있다면 태어남도 없고, 늙고 죽음도 없다고 말씀하셨다.

자신에 대해서 '내가 늙는다.' '내가 죽는다.'라는 생각을 떨치지 못한다면 이것이 바로 자아 취착에서 일어난 어리석은 견해인 늙음·죽음인 것이다.

그래서 부처님께서 "중도연기법을 바르게 꿰뚫어 보고 깨달음을 증득한 많이 들어 아는 거룩한 제자들은 오온을 싫어하는 마음을 낸다. 싫어하기 때문에 좋아하지 않고, 좋아하지 않기 때문에 해탈하며, 해탈지견이 생겨 '나의 생은 이미 다하였고, 바른 행^{팔정도}은 이미 섰으며, 할 일을 이미 다 마쳐 다시는 후세에는 몸을 받지 않는다.'라고 사실 그대로 아느니라."라고 하셨다.

사성제

사성제

사성제를 성스러운 진리라 하는 것은 성스러운 분의 가르침이며, 이 네 가지 진리를 통해야만 고통에서 벗어날 수 있기 때문에 네 가지 성스러운 진리라 한다. 고성제와 고집성제는 연기의 발생에 대해 통찰하는 법이고, 고멸성제와 고멸도성제는 연기의 소멸에 대해 통찰하는 법이다.

순환^{유전}연기와 환멸연기에 대해 바르게 이해하고 통찰하여 해탈열반하는 데에 필요한 법이 바로 사성제법이다.

그때 존자 사리자가 여러 비구들에게 말하였다.
"여러 현자들이여, 비록 한량없는 선법이 있더라도 그 모든 법은 다 네 가지 성스러운 진리에 포섭되는 것으로서 네 가지 성스러운 진리

안으로 들어오기 때문에 네 가지 성스러운 진리를 일체법에서 제일이라고 합니다. 왜냐하면 많은 선법을 다 포섭하고 있기 때문입니다. 여러 현자들이여, 그것은 마치 모든 짐승의 발자국 중에 코끼리의 발자국이 제일 큰 것과 같은 이치입니다. 왜냐하면 저 코끼리 발자국이 가장 넓고 크기 때문입니다. 이와 같이 저 한량없는 일체 선법도 다 네 가지 성스러운 진리에 포섭되어 네 가지 성스러운 진리 안으로 들어옵니다. 그래서 네 가지 성스러운 진리(四聖諦)를 일체법에서 제일이라고 합니다. 어떤 것이 네 가지인가? 이른바 괴로움에 대한 성스러운 진리(苦聖諦), 괴로움의 발생에 대한 성스러운 진리(苦集聖諦), 괴로움의 소멸에 대한 성스러운 진리(苦滅聖諦), 괴로움의 소멸에 이르는 도 닦음에 대한 성스러운 진리(苦滅道聖諦)가 그것입니다.

중아함경 제7권 《30. 상적유경(象跡喩經)》

대승불교에서는 화엄경, 금강경, 법화경이 최상승법이라고 주장하고, 선불교에서는 조사선이나 간화선 등이 최상승법이라고 주장한다. 그러나 부처님께서는 "중도연기법을 바르게 통찰해야만 닦을 수 있는 사성제법이 일체법 중에 최고의 법이다."라고 천명하셨다. 사성제법을 통하지 않고서는 해탈 열반은 증득될 수 없다. 더구나 기복적 신앙이나 삿된 수행법을 통해서는 결코 바른 법을 만날 수 없다.

그러니 바른 법을 만나지 못한 어리석은 범부들이 깨달음을 증득한다는 것은 요원한 일이 될 뿐이다. 깨달음을 증득하는 것이 요원한 일이니 해탈 열반이야 말해 무엇하겠는가?

부처님께서 고구정녕하게 가르쳐 주신 사성제법^{중도연기법}이야말로 해탈 열반을 증득할 수 있는 유일한 법이다.

9. "비구들이여, '이러한 네 가지 성스러운 진리(四聖諦)가 있다.'라고 내가 설한 이 법은 현명한 사문·바라문들에게 논박될 수 없고 오염될 수 없고 비난받지 않고 책망받지 않는다고 설했다. 이것은 무엇을 반연하여 설했는가?

여섯 가지 요소에 의지하여 모태에 들어감이 있다. 듦이 있을 때 정신·물질(名色)이 있다. 정신·물질을 조건으로 하여 여섯 가지 감각 장소(六入)가 있다. 여섯 가지 감각 장소를 조건으로 하여 감각 접촉(觸)이 있고, 감각 접촉을 조건으로 하여 느낌(受)이 있다. 비구들이여, 나는 느낌을 느끼는 자에게 '이것은 괴로움이다.'라고 천명하고, '이것은 괴로움의 일어남이다.'라고 천명하고, '이것은 괴로움의 소멸이다.'라고 천명하고 '이것은 괴로움의 소멸로 인도하는 도 닦음이다.'라고 천명한다."

10. "비구들이여, 어떤 것이 괴로움의 성스러운 진리(苦聖諦)인가?

태어남도 괴로움이다. 늙음도 괴로움이다. 병도 괴로움이다. 죽음도 괴로움이다. 근심·탄식·육체적 고통·절망도 괴로움이다. 원하는 것을 얻지 못하는 것도 괴로움이다. 요컨대 '나' 등으로 취착하는 다섯 가지 무더기(五取蘊)들 자체가 괴로움이다. 비구들이여, 이를 일러 괴로움의 성스러운 진리라고 한다."

11. "비구들이여, 어떤 것이 괴로움의 일어남의 성스러운 진리(苦集聖諦)인가?

무명을 조건으로 의도적 행위들이(行), 의도적 행위들을 조건으로 알음알이가, 알음알이를 조건으로 정신·물질이, 정신·물질을 조건으로 여섯 감각 장소가, 여섯 감각 장소를 조건으로 감각 접촉이, 감각 접촉을 조건으로 느낌이, 느낌을 조건으로 갈애가, 갈애를 조건으로 취착이, 취착을 조건으로 존재가, 존재를 조건으로 태어남이, 태어남을 조건으로 늙음·죽음과 근심·탄식·육체적 고통·정신적 고통·절망이 있다. 이와 같이 전체 괴로움의 무더기(苦蘊)가 발생한다. 비구들이여, 이를 일러 괴로움의 일어남의 성스러운 진리라고 한다."

12. "비구들이여, 어떤 것이 괴로움의 소멸의 성스러운 진리(苦滅聖諦)인가?

무명이 남김없이 빛바래어 소멸하기 때문에 의도적 행위행들이 소멸하고, 의도적 행위들이 소멸하기 때문에 알음알이가 소멸하고, 알음알이가 소멸하기 때문에 정신·물질이 소멸하고, 정신·물질이 소멸하기 때문에 여섯 감각 장소가 소멸하고, 여섯 감각 장소가 소멸하기 때문에 감각 접촉이 소멸하고, 감각 접촉이 소멸하기 때문에 느낌이 소멸하고, 느낌이 소멸하기 때문에 갈애가 소멸하고, 갈애가 소멸하기 때문에 취착이 소멸하고, 취착이 소멸하기 때문에 존재가 소멸하고, 존재가 소멸하기 때문에 태어남이 소멸하고, 태어남이 소멸하기 때문에 늙음·죽음과 근심·탄식·고통·정신적 고통·절망이 소멸한다. 이와 같이 전체 괴로움의 무더기(苦蘊)가 소멸한다. 비구들이여, 이를 일러 괴로움의 소멸의 성스러운 진리라고 말한다."

13. "비구들이여, 어떤 것이 괴로움의 소멸로 인도하는 도 닦음의 성스러운 진리(苦滅道聖諦)인가?

그것은 바로 여덟 가지 구성 요소로 된 성스러운 도(八正道)이니, 바른 견해·바른 사고·바른 말·바른 행위·바른 생계·바른 정진·바른 마음 챙김·바른 선정이다. 비구들이여, 이를 일러 괴로움의 소멸로 인도하는 도 닦음의 성스러운 진리라고 말한다.

비구들이여, '이러한 네 가지 성스러운 진리가 있다.' 라고 내가 설한 이 법은 현명한 사문·바라문들에게 논박될 수 없고 오염될 수 없고 비난받지 않고 책망받지 않는다고 설한 것은 이것을 반연하여 설했다."

앙굿따라니까야 제1권 《외도의 주장경》 440쪽

"여섯 가지 요소에 의지하여 모태에 들어감이 있다."라는 것에서 여섯 가지 요소란 삼사화합된 촉^{육근} + ^{육경} + ^{육식}을 말한다. 이렇게 삼사화합된 촉의 인식을 조건으로 하여 자아 취착을 일으키고, 이 자아 취착이 모태가 되어 "정신·물질이 있다."라는 인식을 발생시킨다.

"정신·물질이 있다."라는 인식을 조건으로 하여 육입처를 일으키고, 육입처를 조건으로 하면 새로운 감각 접촉^{상사화합된} 촉이 일어난다.

이렇게 일어난 감각 접촉을 조건으로 하여 느낌^{좋은 느낌, 싫은 느낌, 좋지도 싫지도 않은 느낌}이 일어나게 된다. 이러한 조건에 의해서 일어난 모든 느낌들은 괴로움의 무더기들을 발생시키는 원인이 된다. 부처님께서는 "내가 설한 중도연기의 흐름을 통찰하는 법인 사성제의 수행법은 현명한 자들에게 논박될 수 없고, 오염될 수 없고, 비난 받지 않고, 책망 받지 않는다."라고 하셨다.

① 고성제(苦聖諦)는 '나' 등으로 취착하는 다섯 가지 무더기^{오취온}를 바르게 통찰하는 것을 말하고 오온과 오취온의 발생을 바르게 통찰함,

② 고집성제(苦集聖諦)는 무명을 조건으로 하여 일어나는 전체 괴로움의 무더기들의 발생에 대해서 바르게 통찰하는 것을 말하고^{순환(유전)연기를 바르게 통찰함}

③ 고멸성제(苦滅聖諦)는 무명이 소멸하기 때문에 무명을 조건으로 하여 일어났던 전체 괴로움의 무더기들이 소멸하는 것에 대해서 바르게 통찰하는 것을 말하고^{환멸연기를 바르게 통찰함}

④ 고멸도성제(苦滅道聖諦)는 연기의 발생과 소멸에 대해 바르게 통찰하여 해탈 할 수 있도록 인도하는 도 닦음으로 37조도품의 수행법을 말한다.

이러한 도 닦음의 바른 수행을 통해 괴로움을 소멸시켜 해탈하며, 해탈함으로 인해 증득되어 나타나는 해탈지견의 결실을 팔정도의 바른 행이라 한다.

팔정도의 바른 행이라 하는 것 역시 세간을 떠나서 따로이 존재하는 행이 아니다.

팔정도행은 세간에서 윤리·도덕·양심·수치심의 회복으로 나타나며 자타의 이로움을 현실에서 나타내 보임을 말한다. _{사무량심(자·비·희·사)을 나타냄.}

사성제법에서 고멸도성제가 네 번째로 자리잡고 있다고 해서 도라는 것이 따로이 존재하며 얻을 수 있는 도가 실재하는 것처럼 이해하면 안 된다.

괴로움의 소멸로 인도하는 도 닦음의 성스러운 진리라는 것은 괴로움과 괴로움의 일어남을 바르게 통찰하여 그 결과로 괴로움의 소멸을 보기 위해서 행하는 수행법을 말한다.

이러한 내용을 바르게 파악하지 못하면 괴로움의 소멸을 보는 것에 머물지 못하고 그와 관계없는 또 다른 도의 결실이 나타나기를 바라는 허망한 견해에 빠져들게 된다.

이러한 허망한 견해는 괴로움을 소멸시키지 못하고 또 다른 괴로움을 일어나게 할 뿐이다. 이는 방금 똥구덩이에서 나와 다시 똥구덩

이로 들어가는 꼴이 될 뿐이다.

도라는 것은 고와 집과 멸을 떠나서 증득되는 것이 아니다. 고와 집과 멸을 바르게 통찰할 수 있도록 인도하는 것이 고멸도성제일 뿐이다.

현실의 괴로움을 해결하지 못하는 도가 있다면 그것은 참된 도가 아니다. 참된 도라면 그 도를 수행하고자 하는 자 누구라 하더라도 바르게 도를 수행한다면 괴로움의 소멸을 지금 여기서 볼 수 있어야 한다.

부처님께서 "누구나 와서 이 법을 보라. 나의 법은 현재에서 모든 번뇌를 떠나며, 시절을 기다리지 않고 통달하여 밝게 보며, 자기를 인연하여 스스로 깨닫는다."라고 하셨다.

부처님께서 게송으로 말씀하셨다.
"지혜로운 사람이라도
고락(苦樂)을 못 느끼는 것은 아니다.
오히려 저 우둔한 범부들보다
사실은 더 잘 깨달아 아느니라.
다만 즐거움을 만나도 함부로 하지 않고
괴로움에 부딪혀도 근심을 더하지 않으며
괴로움과 즐거움을 함께 모두 버려

고락에 따르지도 않고 어기지도 않을 뿐이다."

잡아함경 제17권 《470. 전경(箭經)》

어리석은 범부들이, 성인들은 세상에 대해 취착을 끊었기 때문에 느낌을 느끼지도 못하고 감정도 없는 것으로 안다. 이것은 깨달음이 무엇인지조차 모르는 삿된 수행자들이 만들어 낸 허망한 견해에 그들이 현혹된 것일 따름이다.

깨달은 성인들은 세상에 물들지 않을 뿐이지 세상과 단절하여 홀로 존재하는 부류가 아니다. 그래서 부처님께서 "지혜로운 성인도 고락은 느낀다. 오히려 저 어리석은 범부들보다 사실은 고락에 대해서 더 잘 깨달아 아느니라. 다만 고락의 경계를 만나도 그들은 고락에 묶이지 않도록 바른 행팔정도으로 세상을 유행할 뿐이다."라고 하셨다.

제5장

팔정도

 제5장
팔정도

팔정도라 하는 것은 여덟 가지 바른 행위를 말하는 것으로 바른 행위를 취한다는 뜻이 아니다. 연기의 현상을 바르게 통찰하여 옳고 그름, 선과 악 등의 이분법적 논리에서 벗어나 중도의 정견을 구족하고 정법의 바른 행위를 지어 나가는 것을 팔정도라 하는 것이다.

일반적으로, 수행자들이 바른 수행을 통하여 깨달음에 이르게 되면 아무런 행위 없음에 머물고 있는 줄 알고 있다. 이러한 사고는 깨달음을 잘못 이해하고 있어 나타나는 오해이다. '깨닫는다'라고 하는 것은 현상에서 자아 취착을 내려놓고, '무상·고·무아'에 대하여 여실지견하고, 현실의 삶에서 양심·수치심으로 '바르게 행위 한다'는 것의 다른 표현일 뿐이다.

중도연기의 현상을 바르게 통찰한 사람은 현실에서 자신이나 타인에게 팔정도의 이로운 행을 지어 나가야 한다.

부처님께서 사왓티 승림고독원에 계실 때, 위사카 우바이가 담마디나 비구니에게 물었다.

"팔정도(八正道)가 계(戒) · 정(定) · 혜(慧) 삼학(三學)을 내용으로 합니까? 삼학이 팔정도를 내용으로 합니까?"

담마디나 비구니가 말했다.

"팔정도가 삼학을 내용으로 하는 것이 아니라, 삼학이 팔정도를 내용으로 하고 있다. 바른 말정언(正言) · 바른 행위정업(正業) · 바른 생계정명(正命)는 계(戒)에 속하고, 바른 정진정정진(正精進) · 바른 마음챙김정념(正念) · 바른 선정정정(正定)은 정(定)에 속하며, 바른 견해정견(正見) · 바른 사고정사유(正思惟)는 혜(慧)에 속하는 것이다.

중아함경 제58권 《법락비구니경》

바른 견해정견(正見)는 괴로움에 대한 지혜, 괴로움의 일어남에 대한 지혜, 괴로움의 소멸에 대한 지혜, 괴로움의 소멸로 인도하는 도 닦음에 대한 지혜를 뜻한다. 즉 네 가지 성스러운 진리사성제에 대한 바른 통찰을 나타내는 말로 처음 두 가지 진리(苦聖諦, 苦集聖諦)는 윤회하는 것이고, 나중의 둘(苦滅聖諦, 苦滅道聖諦)은 윤회에서 물러나는 것이다.

괴로움의 소멸의 진리(苦聖諦, 苦集聖諦)는 사랑스럽고 마음에 드는 것이며, 괴로움의 소멸로 인도하는 도 닦음의 진리(苦滅聖諦, 苦滅道聖諦)도 원하고 사랑스럽고 마음에 드는 것이다.

부처님께서는 "괴로움(苦)과 괴로움의 일어남(集)의 진리는 보기 어렵기 때문에 심오하고, 괴로움의 소멸(滅)과 괴로움의 소멸로 인도하는 도 닦음(道)의 진리는 심오하기 때문에 보기 어렵다."라고 하셨다.

바른 사고정사유(正思惟)는 어리석은 견해에서 벗어나고자 하는 사고, 악의 없음에 대한 사고, 해코지 않음에 대한 사고 등을 바른 사고라 한다.

바른 말정언(正言)은 거짓말을 삼가고 중상모략을 삼가고, 욕설을 삼가고, 허망한 말 등을 삼가는 것을 바른 말이라 한다.

바른 행위정업(正業)는 살생을 삼가고, 도둑질을 삼가고, 삿된 음행을 삼가는 것을 바른 행위라 한다.

바른 생계정명(正命)는 부처님의 바른 법에 의지하여 수행 정진하는 자들이 삿된 생계를 제거하고 바른 생계로 생명을 영위하는 것을 바른 생계라 한다. 삿된 생계란 자기의 생명을 영위하려고 바르지 못한 몸과 말의 행실을 통하여 생계를 영위함을 뜻한다. 곧 사주, 택일, 묏자리 보기, 길흉화복 점치기, 삿된 주문 외우기 등을 논하며 생계를 영위함을 말한다.

그래서 수행자의 바른 생계는 바른 말과 바른 행위를 통해서 지어가야 한다. 출가자의 바른 생계는 바른 정법을 바르게 배우고 익혀서 재가자들에게 가르치고 공양을 받아 생계를 영위하는 것이다. 재가

자의 바른 생계는 윤리 · 도덕 · 양심 · 수치심에 어긋나지 않는 직업을 통해서 자신도 이롭고 남도 이로운 행위를 통해 생계를 영위해 나감을 말한다.

바른 정진^{정정진(正精進)}은 37조도품의 사정근을 뜻하는데 사정근은 다음과 같다.

① 아직 일어나지 않은 해로운 법을 일어나지 못하게 하기 위하여 의욕을 생기게 하고, 정진하고 힘을 내고 마음을 다잡고 애를 쓰며,
② 이미 일어난 사악하고 해로운 법들을 제거하기 위하여 의욕을 생기게 하고, 정진하고 힘을 내고 마음을 다잡고 애를 쓴다.
③ 아직 일어나지 않은 유익한 법들을 일어나도록 하고, 유익한 법들을 일어나도록 하기 위하여 의욕을 생기게 하고, 정진하고 힘을 내고 마음을 다잡고 애를 쓰며,
④ 이미 일어난 유익한 법들을 지속시키고 사라지지 않게 하고, 증장케 하고 정진하고 힘을 내고 마음을 다잡고 애를 쓴다.

이렇게 수행 정진하는 것을 바른 정진이라 한다.

바른 마음챙김^{정념(正念)}은 몸 · 느낌 · 마음 · 법의 네 가지 주제에 대하여 바르게 통찰하는 것이다. 그 결과 세상에 대한 욕심과 싫어하는 마음을 버려 분명하게 알아차리고, 마음을 챙기며 머무는 것을 바른 마음챙김이라 한다.

바른 선정^{정정(正定)}은 마음이 움직이지 않아 생각이 일어났다 꺼졌다

하지 않는 상태를 말한다. 즉 마음속의 산란함을 끊고 한곳에 마음을 모아 조금이라도 흔들림 없는 바른 마음을 챙겨 망념이 없는 부동심의 경계에 이름을 바른 삼매라 한다.

4. "비구들이여, 이제 성스러운 계(戒)를 깨닫고 꿰뚫었다. 성스러운 삼매(定)를 깨닫고 꿰뚫었다. 성스러운 해탈(慧)을 깨닫고 꿰뚫었다. 그러므로 존재에 대한 갈애는 잘라졌고, 존재에 묶어 두는 사슬은 부수어졌으며, 다시 태어남은 이제 더 이상 존재하지 않는다." 세존께서 이렇게 말씀하셨다. 선서(善逝)께서 이렇게 말씀하신 뒤 다시 게송으로 이와 같이 설하셨다.

계와 삼매와 통찰지와 위없는 해탈
명성을 가진 고따마는 이 법들을 깨달았노라.
괴로움을 끝내고 혜안을 가졌고
오염원들을 모두 멸진한 깨달은 스승은
법을 최상의 지혜로 안 뒤에
이제 그 법을 비구들에게 설하노라.

앙굿따라니까야 제2권 《깨달음경》 49쪽

어리석고 무식한 범부들은 부처님의 가르침을 바르게 이해하지 못하기 때문에 자신들 스스로 사고를 통하여 그럴 수밖에 없다는 결론을 내린 후 그 견해에 집착하여 삿된 법을 주장한다.

그래서 부처님은 《다제경》에서 "저 어리석은 사람 다제 비구는 그 글의 뜻과 그 글을 거꾸로 이해하고 있다. 그는 거꾸로 배우고 이해하므로 나를 모함하고 비방해 자기 자신을 해쳤으며, 계를 범하고 죄를 지어 모든 지혜로운 범행자의 나무람을 받고, 또 큰 죄를 지었다."라고 설하셨다.

1. "비구들이여, 두 가지 법이 있다. 그것은 정법을 어지럽히고 사라지게 한다. 무엇이 둘인가?

단어와 문장들이 잘못 구성된 것과 뜻이 잘못 전달된 것이다. 비구들이여, 단어와 문장들이 잘못 구성될 때 뜻도 바르게 전달되지 않는다. 이러한 두 가지 법이 정법을 어지럽히고 사라지게 한다."

2. "비구들이여, 두 가지 법이 있어, 그것은 정법을 굳건히 머물게 하고 어지럽히지 않고 사라지게 하지 않는다. 무엇이 둘인가?

단어와 문장들이 바르게 구성된 것과 뜻이 바르게 전달된 것이다. 비구들이여, 단어와 문장들이 바르게 구성될 때 뜻도 바르게 전달된다. 이러한 두 가지 법이 정법을 굳건히 머물게 하고 어지럽히지 않고 사라지지 않게 한다."

앙굿따라니까야 제1권 《어지럽힘경》 206쪽

팔정도의 문장 구성이 정견(正見)에서 시작하여 정정(正定)에서 끝을 맺는다는 것을 전제로 "부처님의 가르침은 정정(正定)으로 수행의 끝에 도달한다."고 어리석은 자들은 주장한다. 이런 주장은 선정 제일주의가 빚어낸 삿된 견해일 뿐이다.

선정과 통찰의 차이점은 선정은 자신의 의지와 열의를 가지고 도달하는 처소가 상정되어야만 증득할 수 있는 수행법이고, 통찰지는 자신의 의지와 열의를 가지고 도달처를 상정하지 않고 어떠한 것에도 머물지 않는 지혜를 닦음을 말한다. 선정은 색계 사선과 무색계의 사선을 통하여 수상멸로 들어가는 것을 목표로 삼고 있고, 통찰지는 찰나로 일어나는 선정을 바탕으로 지혜를 증득하여 팔정도 행위를 나타내는 것을 목표로 한다.

(찟따 장자가 가마 비구에게 물었다.)

"존자여, 만일 죽는 것과 멸진정수(滅盡正受)에 드는 것과는 어떤 차이가 있습니까?"

"목숨과 더운 기운을 버리면 모든 근(根)은 다 허물어져 몸과 목숨은 갈라지게 되나니, 이것을 죽음이라 합니다. 멸진정(滅盡定)이란 몸·입·뜻의 행만 멸하는 것으로서, 수명을 버리지 않고 더운 기운도 여의지 않으며, 모든 근도 허물어지지 않아 몸과 목숨이 서로 붙어 있습니다. 이것이 곧 목숨이 끝나는 것과 멸진정수에 드는 것과의 차별적인 모습입니다."

잡아함경 제21권 《568. 가마경》

《가마경》에서도 말했듯이 죽음과 가까운 경지가 멸진정인데 이러한 멸진정을 통해서 어떻게 팔정도의 행위를 할 수 있겠는가? 멸진정에서 나와서 통찰지로써 팔정도행을 해야 한다. 이것을 바로 통찰을 통한 팔정도라 하는 것이다.

그러므로 부처님이 가르치신 궁극의 해탈 열반처는 통찰지를 통한 팔정도의 행위를 나타내는 것으로 보아야 한다. 멸진정이라는 선정의 수행법은 통찰지를 굳건하게 가져가고자 행하는 수행법일 뿐이지, 부처님이 가르치고자 하는 궁극의 도달점이 아니다.

만약 멸진정이 궁극의 도달점이라면 "몸이 불편하고 병이 나고 죽음이 목전에 있는데도 멸진정에 머물러 있을 수 있겠는가? 하지만 몸이 불편하고 병이 나고 죽음이 목전에 있더라도 통찰지는 일으킬 수 있다."라고 말씀하셨겠는가.

11. "다시 바라문들이여, 비구는 일체 비상비비상처를 완전히 초월하여 상수멸에 들어 머문다. 그리고 그는 통찰지로써 사성제를 본 뒤 번뇌를 남김없이 소멸한다. 바라문들이여, 이를 일러 '이 비구는 세상의 끝에 도달하여 세상의 끝에 머물고 세상에 대한 애착을 건넜다.'라

고 한다."

앙굿따라니까야 제5권 《바라문경》 481쪽

　상수멸에 들어 머물면서 통찰지를 일으키는 것이 아니고, 상수멸에서 출정하여 통찰지로 사성제를 본 뒤 "번뇌를 남김없이 소멸해야 한다."라고 했다. 앞에서도 언급했듯이 상수멸이라고 하는 것은 죽음과 가까운 것이라고 표현했는데, 죽음과 가까운 그것이 통찰지라고 한다면 부처님이 가르치고자 했던 뜻과 어긋나게 된다. 이러한 것을 "단어와 문장의 뜻을 잘못 이해하고 바르게 가져가지 못했다."라고 하는 것이다.
　앙굿따라니까야 제3권 《환자경》 287쪽에서 부처님께서는 다음과 같이 말씀하셨다.

　"비구들이여, 누군가 기력이 없고 병에 걸렸더라도 그가 이러한 다섯 가지 법을 버리지 않는다면 그에게는 이런 것이 기대된다. '그는 오래지 않아 모든 번뇌가 다하여 아무 번뇌가 없는 마음의 해탈(心解脫)과 통찰지를 통한 해탈(慧解脫)을 지금 여기에서 스스로 최상의 지혜로 실현하고 구족하여 머물 것이다.'"

　이와 같이 바른 통찰을 통해야만 몸에 병이 발생하고, 죽음이 목전에 도달했다 하더라도 번뇌를 다한 해탈을 이룰 수 있다고 부처님께서는 가르치고 계신다.

선정의 수행법은 부처님의 고유한 수행법이 아니다. 색계 사선정과 무색계 사선정의 수행법은 인도의 요가 수행자들이 행하던 것이고, 부처님이 정각을 이루시기 전에 힌두의 요가 수행 스승들에게서 배워 익힌 것뿐이다. 부처님께서는 외도 스승들에게서 배워 익힌 선정을 바탕으로 선정의 궁극의 이룸인 멸진정을 증득하셨다.

부처님께서는 멸진에 들었다가 나왔을 때 멸진이야말로 인간이 선정 수행을 통해 이룰 수 있는 궁극처라는 것을 인식하셨다. 그렇지만 부처님께서는 그것을 통해 모든 번뇌의 해탈을 천명하신 것이 아니다. 오히려 그런 선정 수행으로는 완전한 고의 소멸을 현상에서 나타내 보일 수 없다는 것을 자각하시고, 통찰지를 통해서 해탈을 증득하고 해탈지견을 천명하시게 된 것이다.

부처님께서는 선정을 통해서 증득한 색계·무색계의 획득은 실제로 존재하는 것이 아니고, 단지 감각 접촉을 조건으로 하여 그런 느낌을 경험하는 것일 뿐 그것이 실재한다고 천명하신 것이 아니다. 그래서 이러한 모든 견해를 넘어서는 것을 '그대로 꿰뚫어 안다^{정견}.'라고 하시고, 삼계^{욕계·색계·무색계}의 획득에 대해 "이러한 것은 세상의 일반적인 표현이며, 세상의 언어이며, 세상의 인습적 표현이며, 세상의 개념이다. 여래는 이런 것을 통해서 집착하지 않고 표현할 뿐이다."라고 하셨다.

이와 같이 나는 들었다.

어느 때 부처님께서 왕사성의 가란다죽원에 계셨다.

그때 왕이나 대신, 바라문, 장자, 거사와 그 밖의 세상 사람들에게 공경과 존중과 공양을 받으면서, 부처님과 모든 성문들은 의복, 음식, 침구, 탕약 등의 큰 공양을 얻었다. 그러나 여러 삿된 외도들은 공경하지도 않고 존중하지도 않아 의복, 음식, 침구, 탕약 등을 공양받지 못하였다.

그때 많은 외도들은 미증강당에 모여 이와 같이 의논하였다.

"우리는 옛날부터 늘 국왕, 대신, 장자, 거사들과 다른 모든 사람들에게서 섬김과 공경을 받아 왔고, 의복, 음식, 침구, 탕약을 공양받아 왔다. 그러나 지금은 다 끊어져 버렸다. 저들은 사문 구담과 성문 대중만을 공경하고 의복, 음식, 침구, 탕약을 공양하고 있다. 지금 이 대중 가운데, 저 사문 구담의 무리에 몰래 출가하여 그의 법을 엿듣고 돌아와 자세히 설명할 지혜와 큰 힘을 가진 자가 누구일까? 우리가 또 그들은 법으로 국왕과 대신, 장자, 거사를 교화한다면 그들로 하여금 믿고 즐거워하게 하고 또 예전처럼 공양을 받을 수도 있을 것이다."

이때 어떤 사람이 말하였다.

"수심이라고 하는 총명하고 영리한 소년이 있습니다. 그 사람이라면 사문 구담의 무리 가운데 가만히 출가하여 그 법을 들은 뒤에 다시 돌아와 모두 설명할 수 있을 것입니다."

이때 모든 외도들은 수심이 있는 곳으로 가서 이렇게 말하였다.

"우리는 오늘 모든 대중이 미증강당에 모여 '우리는 예전부터 국왕, 대신, 장자, 거사들과 모든 세상 사람들로부터 공경받고 섬김을 받았으며 의복, 음식, 침구, 탕약을 공양받아 왔다. 그러나 지금은 다 끊어지고 국왕, 대신, 장자, 거사들과 온 세상 사람들은 모두 사문 구담과 성문 대중만 받들어 섬긴다. 지금 이 대중들 가운데, 저 사문 구담의 무리 속에 가만히 잠입하여 도를 배우고 그의 법을 듣고 돌아와 자세히 설명하며, 국왕과 대신, 장자, 거사를 교화하여 우리 대중이 다시 예전처럼 공경과 존중을 받고 공양을 받게 할 수 있는 그런 총명함과 영리함을 가진 자가 누가 있을까?' 하고 의논하였다. 그때 어떤 사람이 '사문 구담의 법 가운데 몰래 출가하여 도를 배우고 그 설법을 들은 뒤에, 그 모두를 기억하고 돌아와 자세히 설명할 수 있는 총명함과 영리함을 가진 사람은 오직 수심뿐입니다.'라고 하였다. 그래서 우리가 일부러 찾아와 청하는 것이니, 그대가 가 주어야겠다."

이때 수심은 잠자코 청을 받아들이고 나서, 왕사성의 가란다죽원으로 갔다.

이때 많은 비구들은 방에서 나와 밖에서 경행하고 있었다. 그때 수심이 많은 비구들에게 가서 이렇게 말하였다.

"여러 존자시여, 저도 이제 바른 법과 율 안에서 출가하여 구족계를 받고 범행을 닦을 수 있겠습니까?"

이때 많은 비구들은 그 수심을 데리고 세존께서 계시는 곳으로 나아가, 머리를 조아려 그 발에 예배하고 한쪽에 물러서서 부처님께 아뢰었다.

"세존이시여, 지금 이 외도인 수심이 바른 법 안에서 출가하여 구족계를 받고 범행을 닦고자 합니다."

그때 세존께서 외도 수심이 마음속으로 무슨 생각을 하고 있는지를 다 아시고 모든 비구들에게 말씀하셨다.

"너희가 저 외도 수심을 제도하여 출가시켜라."

이때 모든 비구들은 수심을 제도시키고자 원하였다. 그가 출가한 지 반 달이 지나, 어떤 비구가 수심에게 말하였다.

"수심이여, 마땅히 알라. 우리는 나고 죽음이 이미 다하였고 범행도 이미 섰으며, 할 일을 이미 마쳐 후세에 몸을 받지 않는다는 것을 스스로 다 안다."

이때 수심이 그 비구에게 말하였다.

"존자여, 어떻습니까? 탐욕과 악하고 착하지 못한 법을 여의는 것을 배워, 지각도 있고 관찰도 있으며 떠남에서 생기는 기쁨과 즐거움이 있는 초선(初禪)을 완전히 갖추어, 모든 번뇌 일으키지 않고 마음이 잘 해탈하셨습니까?"

비구가 대답하였다.

"아니다. [초선을 완전히 갖추어 해탈한 것이 아니다.] 수심이여."

수심이 또 물었다.

"어떻습니까? 지각과 관찰을 떠나서 안으로 깨끗한 한마음이 되어, 지각도 없고 관찰도 없으며 선정에서 생기는 기쁨과 즐거움이 있는 제2선을 완전히 갖추어, 모든 번뇌를 일으키지 않고 마음이 잘 해탈하셨습니까?"

비구가 대답하였다.

"아니다. [제2선을 완전히 갖추어 해탈한 것이 아니다.] 수심이여."

수심이 또 물었다.

"어떻습니까? 존자여, 기쁨을 떠난 평정한 마음으로 바른 기억(正念)과 바른 지혜(正智)에 머물러 몸과 마음으로 즐거움을 느끼고, 성인들께서 말씀하신 평정이 있는 제3선을 완전히 갖추어, 모든 번뇌를 일으키지 않고 마음이 잘 해탈하셨습니까?"

비구가 대답하였다.

"아니다. [제3선을 완전히 갖추어 해탈한 것이 아니다.] 수심이여."

수심이 또 물었다.

"어떻습니까? 존자여, 괴로움도 여의고 즐거움도 쉬며, 근심과 기쁨은 먼저 끊어져, 괴롭지도 않고 즐겁지도 않은 평정과 청정한 기억과 한마음이 있는 제4선을 완전히 갖추어, 모든 번뇌를 일으키지 않고 마음이 잘 해탈하셨습니까?"

비구가 대답하였다.

"아니다. [제4선을 완전히 갖추어 해탈한 것이 아니다.] 수심이여."

수심이 또 물었다.

"만일 그렇다면, 또 색(色)과 무색(無色)을 일으키는 고요한 해탈을 몸으로 증득하고 완전히 갖춰 머물러, 모든 번뇌를 일으키지 않고 마음이 잘 해탈하셨습니까?"

비구가 대답하였다.

"아니다. [색계 선정과 무색계 선정을 완전히 갖추어 해탈한 것이 아니다.] 수심이여."

수심이 또 물었다.

"왜 존자께서는 하시는 말이 한결같지 않고 앞뒤가 서로 맞지 않습니까? 어떻게 선정도 얻지 못했으면서 그렇게 분명하게 말씀하십니까?"

비구가 대답하였다.

"나는 혜해탈(慧解脫)을 얻었다."

이렇게 말한 뒤에 모든 비구들은 각각 자리에서 일어나 떠나갔다.

그때 수심은 많은 비구들이 떠난 것을 알고 이렇게 생각하였다.

'저 여러 존자들은 말이 한결같지 않고 앞뒤가 맞지 않다. 바른 선정을 얻지 못했다고 말하고선 또 증득했다는 것을 스스로 안다고 말

한다.'

이렇게 생각한 뒤에, 부처님 계신 곳에 나아가 머리를 조아려 그 발에 예배하고, 한쪽에 물러나 앉아 부처님께 아뢰었다.

"세존이시여, 저 많은 비구들은 제 앞에서 '나의 생은 이미 다하였고 범행은 이미 섰으며, 할 일을 이미 다 마쳐 후세에는 몸을 받지 않는다는 것을 스스로 안다.'라고 분명히 말하였습니다. 그래서 저는 곧 그 존자들께 '탐욕과 악하고 착하지 않은 법을 여의고 …… 몸으로 증득하였습니까?' 하고 물었습니다. 그들은 제게 '아니다, 수심이여.'라고 대답했습니다. 제가 곧 '말이 한결같지 않고 앞뒤가 서로 맞지 않습니다. 바른 선정에 들지 않았다고 말하고선 또 증득했다는 것을 스스로 안다고 말씀하십니까?' 하고 물었더니, 그들은 제게 '혜해탈을 얻었다.'라고 대답한 뒤에 각각 자리에서 일어나 떠나갔습니다. 저는 이제 세존께 여쭈겠습니다. 왜 저들은 말이 한결같지 않고 앞뒤가 서로 어긋나며, 바른 선정을 얻지 못하고서 또 '증득했다는 것을 스스로 안다.'라고 말합니까?"

부처님께서 수심에게 말씀하셨다.

"그들은 먼저 법에 머무를 줄을 알고 뒤에 열반을 알았느니라. 그 모든 선남자(善男子)들은 홀로 어느 고요한 곳에서 골똘히 정밀하게 사유하면서 방일하지 않고 지내며, 나라는 소견(我見)을 여의고 모든 번뇌를 일으키지 않고 마음이 잘 해탈하였느니라."

수심이 부처님께 아뢰었다.

"저는 지금 '먼저 법에 머무를 줄을 알고 뒤에 열반을 알았다. 그 모든 선남자들은 홀로 어느 고요한 곳에서 골똘히 정밀하게 사유하면서 방일하지 않고 지내며, 나라는 소견을 떠나 모든 번뇌를 일으키지 않고 마음이 잘 해탈하였다.'라는 말씀을 알지 못하겠습니다."

부처님께서 수심에게 말씀하셨다.

"네가 알건 모르건 상관없이, 먼저 법에 머무를 줄을 알고 뒤에 열반을 안 것이다. 저 모든 선남자들은 홀로 어느 고요한 곳에서 골똘히 정밀하게 사유하면서 방일하지 않고 지내며, 나라는 소견을 떠나 마음이 잘 해탈하였느니라."

수심은 부처님께 아뢰었다.

"오직 원하옵건대 세존이시여, 저를 위해 설법하시어 제가 법에 머무르는 지혜를 알게 하시고, 법에 머무르는 지혜를 보게 하소서."

부처님께서 수심에게 말씀하셨다.

"내 이제 너에게 물으리니 네가 아는 대로 내게 대답하라. 수심이여, 너의 생각에는 어떠하냐? 태어남이 있기 때문에 늙음·죽음이 있다. 태어남을 떠나 늙음·죽음이 있는 것이 아니지 않은가?"

수심이 대답하였다.

"그렇습니다. [태어남이 있기 때문에 늙음·죽음이 있습니다. 태어남을 떠나 늙음·죽음이 있는 것이 아닙니다.] 세존이시여."

부처님께서 수심에게 말씀하셨다.

"그와 같이 태어남(生)·존재(有)·취함(取)·애욕(愛)·느낌(受)·접촉(觸)·육입처(六入處)·명색(名色)·식(識)·행(行)·무명(無明)도 마찬가지이니, 무명이 있기 때문에 행이 있고 무명을 떠나 행이 있는 것이 아니지 않은가?"

수심이 부처님께 아뢰었다.

"그렇습니다. [무명이 있기 때문에 행이 있습니다. 무명을 떠나 행이 있는 것이 아닙니다.] 세존이시여."

부처님께서 수심에게 말씀하셨다.

"태어남이 없기 때문에 늙음·죽음이 없다. 태어남의 소멸을 떠나서는 늙음·죽음이 소멸하는 것이 아니지 않은가?"

수심이 부처님께 아뢰었다.

"그렇습니다. [태어남이 없기 때문에 늙음·죽음이 없습니다. 태어남의 소멸을 떠나 늙음·죽음이 소멸하는 것이 아닙니다.] 세존이시여."

부처님께서 수심에게 말씀하셨다.

"그와 같이 …… 무명이 없기 때문에 행이 없다. 무명의 소멸을 떠나 행이 소멸하는 것이 아니지 않은가?"

수심이 부처님께 아뢰었다.

"그렇습니다. [무명이 없기 때문에 행이 없고, 무명의 소멸을 떠나 행이 소멸하는 것이 아닙니다.] 세존이시여."

부처님께서 수심에게 말씀하셨다.

"이와 같이 알고 이와 같이 보는 자들은 악하고 착하지 못한 법을 여의고 …… 몸으로 증득하고 완전히 갖춰 머물렀는가?"

수심이 부처님께 아뢰었다.

"아닙니다. [이와 같이 알고 이와 같이 보는 자들이라고 해서 악하고 착하지 못한 법을 여의고…… 몸으로 증득하고 완전히 갖추어 머무르지는 못합니다.] 세존이시여."

부처님께서 수심에게 말씀하셨다.

"이것을 '먼저 법에 머무를 줄을 알고 뒤에 열반을 알았다. 그 모든 선남자들은 홀로 어느 고요한 곳에서 골똘히 정밀하게 사유하면서 방일하지 않고 지내며, 나라는 소견을 여의고 모든 번뇌를 일으키지 않아 마음이 잘 해탈하였다.'라고 하느니라."

부처님께서 이 경을 말씀하시자, 존자 수심은 티끌을 멀리하고 때를 여의어 법안(法眼)이 깨끗해졌다.

그때 수심은 법을 보고 법을 얻고 법을 깨달아 의심을 뛰어넘었으며, 남의 믿음을 의지하지 않고 남의 제도를 받지 않고 바른 법 안에서 마음에 두려움이 없게 되었다. 그는 머리를 조아려 부처님의 발에 예배하고 부처님께 아뢰었다.

"세존이시여, 저는 이제 허물을 뉘우칩니다. 저는 이 바른 법(法)과 율(律) 안에 몰래 거짓으로 출가하였습니다. 그러므로 이제 허물을 뉘우칩니다."

부처님께서 수심에게 말씀하셨다.

"왜 이 바른 법과 율 안에 몰래 거짓으로 출가하였느냐?"

수심이 부처님께 아뢰었다.

"세존이시여, 많은 외도들이 제게 찾아와 이렇게 말했습니다. '수심이여, 마땅히 알라. 우리는 예전에 국왕, 대신, 장자, 거사와 그 밖의 세상 사람들에게서 공경과 공양을 받아 왔었다. 그러나 지금은 모두 끊고 모두들 사문 구담과 그 성문 대중을 공양한다. 너는 이제 몰래 저 사문 구담의 성문 대중 가운데 출가하여 법을 얻고, 그 법을 얻은 뒤에 도로 돌아와 우리에게 모두 설명하라. 그리하여 그들은 법으로써 세상을 교화하여 저들이 이전처럼 공경하고 공양하게 하라.' 그래서 세존이시여, 저는 바른 법과 율 안에 몰래 거짓 출가하였었는데, 이제 그 허물을 뉘우칩니다. 오직 원하옵건대 세존이시여, 저를 가엾이 여기시어 저의 참회를 받아 주소서."

부처님께서 수심에게 말씀하셨다.

"너의 참회를 용서하리니, 너는 마땅히 '저는 예전에 어리석고 착하지 못하고 지혜가 없어, 바른 법과 율 안으로 몰래 거짓 출가하였습니다. 그러나 이제 그 허물을 뉘우치고, 스스로 죄를 보았고 스스로 죄를 알았습니다. 미래 세상에서는 율의(律儀)를 성취하며 공덕을 더하고 길러 끝내 물러서거나 퇴굴하지 않겠습니다.'라고 갖추어 말하라.

왜냐하면 무릇 죄가 있는 사람이 스스로 보고 스스로 알아 허물을 뉘우치면, 그는 미래 세상에서는 율의를 성취하여 공덕을 더하고 길러 끝내 물러서거나 퇴굴하지 않기 때문이니라." ……

또 수심에게 물었다.

"수심이여, 그럴 때 그 죄인은 창에 3백 번 찔린 인연으로 극심한 고통을 느끼겠느냐?"

수심이 부처님께 아뢰었다.

"지극히 괴로울 것입니다, 세존이시여. 혹 창에 한 번만 찔려도 그 고통을 견디기 어려운데 하물며 3백 번이나 찔리는 것을 견딜 수 있겠습니까?"

부처님께서 수심에게 말씀하셨다.

"그래도 그것은 오히려 그럴 수 있다. 그러나 만일 바른 법과 율 안으로 몰래 거짓 출가하여 법을 도둑질해 기억하고 사람들에게 널리 말한다면, 그로 말미암아 마땅히 받아야 할 고통은 그것보다 곱이나 더할 것이니라."

부처님께서 이 법을 말씀하셨을 때, 외도 수심은 번뇌가 다하고 마음으로 이해하였다. 부처님께서 이 경을 말씀하시자, 존자 수심은 부처님의 말씀을 듣고 기뻐하며 받들어 행하였다.

잡아함경 제14권 《347. 수심경(須深經)》

《수심경》에서처럼 부처님께서는 선정 수행을 통해서 해탈한 것이 아니고 먼저 법^{중도연기법}을 보고, 법^{사념처법}을 얻고, 법^{사성제법}을 알고, 깨달아 의심을 뛰어넘어 마음을 잘 해탈하는 것이 '나의 법과 율'이라고 천명하고 계신다. 이것이 바로 외도 수행법과 부처님이 가르치신 수행법의 또렷한 차이점이다.

이상에서 보는 바와 같이 팔정도라 하는 것은 중도연기의 바른 통찰을 통해 나타내는 바른 행위를 뜻하는 것일 뿐 순차적인 서열이 있기 때문에 팔정도의 행의 순서를 정해 놓은 것이 아니다.

팔정도라는 것은 어느 것 한 부분이라도 같이 일어나지 않으면 팔정도가 아니다. 정견을 논할 때는 나머지 일곱 가지 바른 행위가 포함되어야만 정견이 성립되고 정정 역시 나머지 일곱 가지의 바른 행위가 전제되어야 성립된다. 이렇게 해야만 팔정도의 어떤 부분을 상정하더라도 문제가 없다.

하지만 어리석은 범부들은 한꺼번에 여덟 가지 행을 구족하여 나타내 보일 수가 없다. 그래서 팔정도의 행위도 세간에서 닦아 이루어야 하는 팔정도가 있고, 출세간에서 저절로 나타나는 팔정도가 있다고 구분 짓는다. 여기서 논의하는 팔정도는 세간의 팔정도를 말하는 것이 아니고 출세간의 팔정도를 말한다. 그렇다고 해서 세간과 출세간이 따로 구분되었다고 생각을 하면 안 된다.

세간과 출세간의 나뉨은 바른 해탈을 증득하고자 표현한 것뿐이지, 실제로 존재하는 것이 아니다. "만일 너희가 내가 긴 세월 동안 가르친 뗏목의 비유에 대해 잘 안다면 너희는 마땅히 이 법을 버려야 할 것임에도, 하물며 법이 아닌 것이랴!"라고 중아함경 《아리타경》에서 설하고 계신다. 이것을 부처님께서는 법의 뗏목이라고 하셨다.

일반적으로 사람들이 깨달은 자에 대해서 잘못된 견해를 가지고 있는 것 중 하나가, 깨달은 자는 감정도 없고 세상의 관계 지음도 없는 목석과 같은 존재로 알고 있다. 이것이 바르게 법을 알지 못하는 어리석은 자들의 사고이다. 그러면서도 깨달은 자들은 무량한 지복감과 무량한 자비심이 철철 넘쳐 모든 어리석은 범부 중생들에게 하늘에서 비가 내리듯 복락을 쏟아 내린다고 알고 있다. 이러한 잘못된 인식이 불교를 기복 신앙으로 끌고 가는 데 일조했다고 할 것이다.

지금도 어리석은 중생들은 수행을 통해서 스스로 해탈하려는 노력을 하지 않고 깨달은 자에게 맹목적인 신앙을 표시하면서 복을 얻으려고 한다. 깨달은 자들은 스스로를 이긴 사람일 뿐이지 숭배의 대상이 아니다. 어리석은 범부들이 성인들을 맹신하는 이유는 성인들은 신앙의 대상이 될 수 없다는 것을 모르기 때문이다.

"혹 아라한 비구로서
스스로 할 일을 이미 마치고
모든 번뇌 다하여

그 마지막 몸을 가진 자도

나라는 것이 있다고 말하거나

또는 내 것이라고 말하나이까?"

그때 세존께서 곧 게송으로 대답하셨다.

"만일 아라한 비구로서

스스로 할 일을 이미 마치고

모든 번뇌도 다 끊으며

최후의 몸을 가졌다면

나라는 것이 있다고 말하든지

내 것이라고 말해도 잘못이 아니다."

그때 그 천자가 다시 게송으로 여쭈었다.

"만약 아라한 비구로서

스스로 할 일을 이미 마치고

모든 번뇌도 다 끊었으며

최후의 몸을 가지고서도

마음에 아만(我慢)이 가득하여

나라는 것이 있다고 말하거나

또는 내 것이라고 말하는

그런 말을 할 수도 있습니까?"

그때 세존께서 게송으로 대답하셨다.

"이미 아만을 여의었고

또한 아만심까지 없어서

나니 내 것이니 하는 데에서 벗어났으니

나는 그를 모든 번뇌 끊은 이라고 말하리라.

그는 나니 내 것이니 하는 것에 대해

마음이 이미 영원히 집착하지 않거니

이 세상에서 부르는 이름들은

모두가 임시로 붙인 이름임을 잘 아느니라."

별역잡아함경 제9권 《581. 아라한경(阿羅漢經)》

"만일 아라한 비구로서 스스로 할 일을 이미 마치고 모든 번뇌도 다 끊으며 최후의 몸을 가졌다면 나라는 것이 있다고 말하든지 내 것이라고 말해도 잘못이 아니다." 이러한 구절은 깨달은 자가 세상과 관계 지으면서 나타내는 행위를 표현한 것이다.

"우빨리여, 내 제자들은 이러한 법을 역시 자신에게서 관찰하기 위해 숲이나 밀림의 외딴 거처에 거주하는 것이지, 그들 자신의 이상을 실현했다면 그곳에 거주하지 않는다."라고 앙굿따라니까야 제6권 《우빨리경》 362쪽에서 부처님은, 해탈 열반한 자들은 외딴 거주처가 아니고 승가에 머물러야 한다고 가르치신다.

여기서 승가라고 하는 것은 비구·비구니들만의 모임을 뜻하는 것이 아니다. 부처님께서는 비구·비구니·우바새·우바이 등 모두를 승가라고 칭하셨다. 승가에 머물라고 하신 것은 어리석은 범부들과 바른 수행을 통해서 깨달음을 이루고자 하는 모든 자들을 위해 스스로 깨달은 법을 그들에게도 나누어 주라는 부처님의 간곡한 말씀이다.

이것이 바로 '법등명(法燈明)이자, 자등명(自燈明)이고 장등명(長燈明)'이라고 표현한다. 깨달은 자가 승가에 머물며 범부들과 교류할 때는 팔정도의 행을 나타내 보이게 된다. 이처럼 팔정도의 행은 반드시 윤리·도덕·양심·수치심을 바탕으로 나타내 보여야 하는 것이다.

스스로 '깨달았다' 하면서 양심과 수치심에 어그러지는 행위를 한다면 이것이야말로 지혜로운 현자들에게 비웃음을 사는 꼴이 아니겠는가.

1. "비구들이여, 양심과 수치심이 없을 때, 양심과 수치심이 없는 자에게 감각기능의 단속은 조건을 상실해 버린다. 감각기능을 단속하지 못할 때, 감각기능을 단속하지 못하는 자에게 계행은 조건을 상실해 버린다. 계행이 없을 때, 계행을 파한 자에게 바른 삼매는 조건을 상실해 버린다. 바른 삼매가 없을 때, 바른 삼매가 깨진 자에게 여실지견(如實知見)은 조건을 상실해 버린다. 여실지견이 없을 때 여실지견이 없는 자에게 염오와 탐욕의 빛바램은 조건을 상실해 버린다. 염오와 탐욕의 빛바램이 없을 때, 염오와 탐욕의 빛바램이 없는 자에게 해탈

지견은 조건을 상실해 버린다.

　비구들이여, 예를 들면 가지와 잎이 없는 나무는 새싹이 자라나지 못하고 껍질이 완성되지 못하고 연한 목재(白木質)가 완성되지 못하고 심재(心材)가 완성되지 못하는 것과 같다. 그와 같이 양심과 수치심이 없을 때, 양심과 수치심이 없는 자에게 감각기능의 단속은 조건을 상실해 버린다. …… **염오와 탐욕의 빛바램이 없을 때, 염오와 탐욕의 빛바램이 없는 자에게 해탈지견은 조건을 상실해 버린다.**"

앙굿따라니까야 제4권 《양심경》 486쪽

　앞에서 설명했듯이 부처님의 가르침에는 절대의 처소라는 것이 없다. 그래서 깨달은 성인이라 하더라도 따로 머무는 처소가 있을 수 없다. 즉 한번 깨닫고 영원히 평안에 머물 수 있는 방법은 존재하지 않는다는 말이다. 따로 그곳에 머무르는 것이 아니다. 그렇기 때문에 바르게 깨달은 자라 하더라도 끊임없이 사념처 수행을 하면서 항상 바르게 깨어 있음을 행해야 하는 것이다. 그렇지 않다면 해탈지견의 조건을 상실해 버린다고 설하신 것이다. 물론 온전히 깨달음을 이룬 수행자라면 다시 어리석음에 물드는 행위는 하지 않을 것이지만 말이다.

　앙굿따라니까야 제3권 《감각적 욕망경》 58쪽에서 다음과 같이 말씀하셨다.

"비구들이여, 그러나 비구가 유익한 법들에 대해서 믿음으로 해야 할 바를 하고, 유익한 법에 대해서 양심으로 해야 할 바를 하고, 유익한 법들에 대해서 수치심으로 해야 할 바를 하고, 유익한 법들에 대해서 정진으로 해야 할 바를 하고, 유익한 법들에 대해서 통찰지로 해야 할 바를 하는 한 나는 '이제 이 비구^{예류도} 이상에 머무는 자는 자신을 보호할 수 있다. 방일하지 않을것이다.'라고 생각하여 더 이상 비구를 돌보지 않는다."

이러한 부처님의 말씀은 출세간에 증득한 성인^{사쌍} ^{팔배}들은 다시는 정법에서 퇴보가 없다는 것을 확언하고 계신다. 그것은 "방금 똥구덩이에서 나와서 몸을 깨끗이 씻은 자가 다시 똥구덩이에 들어갈 리가 만무하다."라는 것과 같은 말이다.

나오는 말

중도연기법은 '나라는 것도 없고, 내 것이라는 것도 없으며, 나의 자아라는 실체도 없음'을 통찰지로서 꿰뚫어 보고 네 가지 성스러운 진리의 법에 의지하여 수행 정진하라는 가르침이다. 네 가지 성스러운 진리의 법을 단순히 개념으로 파악하고 머물지만 말고 반드시 팔정도(八正道)의 행인 사무량심(四無量心)으로 나타내야 한다.

부처님께서는 "남자든 여자든 자애와 연민과 더불어 기뻐하고 평온을 통한 마음의 해탈을 닦아야 한다."라고 가르치셨다. 이런 행을 통해야 죽기 마련인 중생이 이 몸을 가지고 저세상으로 가지 않는 방법이라고 말씀하신다.

바른 수행은 막연한 전생의 과보나 금생의 인연 지음이나 내생에 어떻게 되겠지 하는 허망한 마음을 가지고는 절대로 이룰 수가 없다.

부처님께서는 "수행자가 늙고 병들고 죽는 것에 대하여 싫어하고 탐욕을 여의고 완전히 소멸시켜 모든 번뇌를 일으키지 않고 마음이 잘 해탈한다면 이것이 바로 수행자가 현세에서 반열반을 얻는 것이다." 라고 하셨다.

이러한 가르침을 마음속 깊이 새기고 바른 법에 의지하여 바르게 정진한다면 누구나 지금 여기에서 해탈 열반에 머물 수 있게 되는 것이다.

해탈 열반은 누가 쥐여주는 것이 아니고 부처님께 갈구한다고 되는 것도 아니며, 다만 스스로 노력을 통해 증득해야 하는 것이다.

이상에서 살펴본 바와 같이 중도연기설은 단지 개념과 철학이라는 범주에 묶어 두고 음미하는 박물관에 전시된 유물 같은 것이 아니다. 진정 부처님께서 가르치고자 했던 중도연기법은 현상의 괴로움^{고(苦)}을 소멸시키고 해탈 열반이라는 이상 세계를 현실에서 나타내 보이라는 것이다.

부처님의 중도연기법이야말로 나와 남을 이롭게 할 수 있는 유일한 길이다.

부처님의 가르침을 믿고 수행 정진하는 모든 불자들께서는 부디 바른 정법에 의지하여 자타의 이로움을 행하며 해탈 열반의 경계를 지금 여기에서 증득하기를 바란다.

"인간들 가운데 저 언덕에 도달한 자 드물고

사람들 대부분 이 언덕에서 치달리고 있구나.

법을 따르는 자에게 법이 바르게 설해질 때

그들은 건너기 어려운 죽음의 영역을 건너

저 언덕에 도달하노라.

현자는 검은 법을 제거한 뒤 흰 법을 닦으라.

윤회에서 벗어나 윤회 없음에 이르러

기쁨이 없는 한거에서 기쁨을 찾아야 하리.

감각적 욕망을 버리고 무소유가 되어

현자는 마음의 오염원들에서 자신을 청정하게 할지라.

깨달음의 구성 요소들로 바르게 마음을 잘 닦아서

취함을 놓아 버려 취착 없음을 기뻐하나니

번뇌 다한 광휘로운 자들은

세상에서 완전한 평화를 얻노라."

앙굿따라니까야 제6권 《상가라와경》 399쪽

필자는 세상의 모순을 보고 갈등하면서 출가하게 되었다. 출가 후 해인사 강원 중앙승가대학교에서 공부를 했으나 진리에 대한 마음의 갈증은 더해만 갔다. 법을 배우고자 많은 이름난 선지식들을 찾아 다녔고, 수많은 경전을 읽었고, 그러면서 갈증을 풀고자 무수한 노력도 해 보았다. 그러나 그 갈증의 근원은 풀지 못하고 항상 제자리만 맴

돌아 답답할 뿐이었다.

그쯤에서 배우고 익힌 것을 정리하고자 선원으로 방향을 바꾸어 한두 철 안거하다가 아예 갈증의 근원을 확 뿌리 뽑고자 백담사 무문관에서 5년간 각고의 정진도 해 보았다.

그러나 결과는 나의 기대치에 미치지 못했다.

'도대체 어디에 문제가 있을까?' 하고 고민하던 중 김종수 스승님을 만나 뵙게 되었다. 그제야 비로소 바른 법에 눈을 뜨게 되었고, 갈증의 근원을 뿌리채 뽑을 수 있게 되었다. 그래서 이를 정리하여 많은 사람들이 공유하며 바른 법을 함께할 수 있기를 바라면서 이 책을 쓰게 되었다. 출가하여 이제나마 모든 법의 근원이신 석가모니 부처님께 회향하고, 정법이 전승되어 지금에까지 이를 수 있도록 해 주신 제대 선지식들께도 회향할 수 있게 되었다.

이 책이 나올 수 있기까지 이끌어 주고 격려해 주신 김종수 스승님께 감사드린다. 또한 어려운 환경에서도 공부할 수 있는 공간을 마련해 주고 물심양면으로 신경을 써 주신 봉은사 주지 명진 스님과 사부대중들께 거듭 감사의 뜻을 전한다. 또한 이 책을 쾌히 내 주신 민족사 사장님께 감사드리며, 이 책을 쓰는 동안 도움을 주신 김기옥, 김옥심, 박인숙, 오선희, 윤선희, 최은주 보살님들과 강군호, 김기호, 박노원, 신성섭, 이용환, 이재영 처사님들과 부처님말씀 바로 알기 모임 회원 여러분께도 감사드린다.

지은이 훤일 규암

1987년 사미계 수지
1990년 비구계 수지
해인사 강원 대교과 졸업
중앙승가대학교 졸업
제방선원 및 백담사 무문관 6년 정진
현재 수도산 봉은사 안거
http://cafe.daum.net/realbuddhism(부처님말씀 바로알기 모임)
연락처 010-9930-4883

깨달음에도 공식이 있다

2009년 3월 22일 초판 1쇄 인쇄
2009년 3월 25일 초판 1쇄 발행
2009년 7월 5일 초판 2쇄 발행
지은이 | 훤일 규암
펴낸이 | 윤재승
펴낸곳 | 도서출판 민족사

책임편집 | 김창현
영업관리 | 성재영 윤선미
등록 | 1980년 5월 9일(등록 제1-149호)
주소 | 서울시 종로구 수송동 58 두산위브파빌리온 1131호
전화 | 02) 732-2403~4
팩스 | 02) 739-7565
E-mail | minjoksa@chol.com
홈페이지 | minjoksa.org

＊잘못된 책은 바꾸어 드립니다.

값 12,000원
ISBN 978-89-7009-516-5 03220